Scharf
Grundzüge des betrieblichen Rechnungswesens

Praxis der Unternehmensführung

Dirk Scharf

Grundzüge des betrieblichen Rechnungswesens

Finanzbuchhaltung
Kontenrahmen
Kontenplan
Jahresabschluß
Inventur
Inventar
Kosten- und Leistungsrechnung
Betriebswirtschaftliche Statistik
Vergleichsrechnung

GABLER

Die Deutsche Bibliothek – CIP-Einheitsaufnahme

Scharf, Dirk:
Grundzüge des betriebliche Rechnungswesens :
Finanzbuchhaltung, Kontenrahmen, Kontenplan,
Jahresabschluß, Inventur, Inventar, Kosten- und
Leistungsrechnung, betriebswirtschaftliche Statistik,
Vergleichsrechnung / Dirk Scharf. – 1. Auflage – Wiesbaden:
Gabler, 1993
(Praxis der Unternehmensführung)
ISBN-13: 978-3-409-13988-5   e-ISBN-13: 978-3-322-84608-2
DOI: 10.1007/978-3-322-84608-2

Der Gabler Verlag ist ein Unternehmen der Verlagsgruppe Bertelsmann International.
© Betriebswirtschaftlicher Verlag Dr. Th. Gabler GmbH, Wiesbaden 1993
Lektorat: Dr. Walter Nachtigall

Das Werk einschließlich aller seiner Teile ist urheberrechtlich geschützt. Jede Verwertung außerhalb der engen Grenzen des Urheberrechtsgesetzes ist ohne Zustimmung des Verlages unzulässig und strafbar. Das gilt insbesondere für Vervielfältigungen, Übersetzungen, Mikroverfilmungen und die Einspeicherung und Verarbeitung in elektronischen Systemen.

Höchste inhaltliche und technische Qualität unserer Produkte ist unser Ziel. Bei der Produktion und Verbreitung unserer Bücher wollen wir die Umwelt schonen. Dieses Buch ist auf säurefreiem und chlorarm gebleichtem Papier gedruckt. Die Buchverpackung besteht aus Polyäthylen und damit aus organischen Grundstoffen, die weder bei der Herstellung noch bei der Verbrennung Schadstoffe freisetzen.

Die Wiedergabe von Gebrauchsnamen, Handelsnamen, Warenbezeichnungen usw. in diesem Werk berechtigt auch ohne besondere Kennzeichnung nicht zu der Annahme, daß solche Namen im Sinne der Warenzeichen- und Markenschutz-Gesetzgebung als frei zu betrachten wären und daher von jedermann benutzt werden dürften.

Umschlaggestaltung: Susanne Ahlheim AGD, Weinheim
Satz: ITS Text und Satz GmbH, Herford

ISBN-13: 978-3-409-13988-5

Inhalt

1 **Begriff und Gliederung des betrieblichen Rechnungswesens** ... 1

2 **Finanzbuchhaltung** ... 2
  2.1 Gegenstand und Aufgaben der Finanzbuchhaltung ... 2
  2.2 Rechtliche und wirtschaftliche Grundlagen der Finanzbuchhaltung ... 3
  2.3 Grundsätze ordnungsmäßiger Buchführung und Bilanzierung ... 5
  2.4 Kontenrahmen und Kontenplan ... 9
  2.5 Jahresabschluß ... 13
    2.5.1 Inventur und Inventar ... 14
    2.5.2 Bilanz ... 21
    2.5.3 Gewinn- und Verlustrechnung ... 28
    2.5.4 Anhang ... 33
  2.6 Ordentliche Bilanzen und Sonderbilanzen ... 34

3 **Kosten- und Leistungsrechnung** ... 37
  3.1 Kosten- und Leistungsrechnung ... 38
    3.1.1 Der Begriff „Kosten" und seine Abgrenzung ... 38
    3.1.2 Der Begriff „Leistung" und seine Abgrenzung ... 42
  3.2 Kostenartenrechnung ... 44
    3.2.1 Einteilung der Kosten ... 44
    3.2.2 Kalkulatorische Kosten ... 49

3.3	Kostenstellenrechnung	53
3.3.1	Gliederungsmöglichkeiten der Kostenstellen	54
3.3.2	Aufgaben und Durchführung der Kostenstellenrechnung	56
3.4	Kostenträgerrechnung	60
3.4.1	Kostenträgerrechnung auf Vollkostenbasis	61
3.4.2	Kostenträgerrechnung auf Teilkostenbasis	65
3.5	Plankostenrechnung	69

4 Betriebswirtschaftliche Statistik und Vergleichsrechnung 72

5 Planungsrechnung 74

Anhang 76

Literaturverzeichnis 87

Stichwortverzeichnis 88

1 Begriff und Gliederung des betrieblichen Rechnungswesens

Unter dem betrieblichen Rechnungswesen ist die zahlenmäßige – und zwar mengen- und wertmäßige – Erfassung und Überwachung aller betrieblichen Vorgänge in den Bereichen Beschaffung, Produktion, Absatz und Finanzierung zu verstehen.

In der Wirtschaftspraxis hat sich eine Aufteilung des betrieblichen Rechnungswesens in vier Teilbereiche durchgesetzt:

- Finanzbuchhaltung,
- Kosten- und Leistungsrechnung,
- Statistik und Vergleichsrechnung,
- Planungsrechnung.

Obwohl in den verschiedenen Wirtschaftszweigen unterschiedliche Anforderungen an das betriebliche Rechnungswesen gestellt werden, beschränkt sich die folgende Darstellung auf das *industrielle Rechnungswesen*, da sonst der Rahmen dieser Schrift gesprengt würde. Zur Vermittlung eines generellen Überblicks über das betriebliche Rechnungswesen ist dies ein geeigneter und wichtiger Bereich.

2 Finanzbuchhaltung

2.1 Gegenstand und Aufgaben der Finanzbuchhaltung

Gegenstand der Finanzbuchhaltung ist die planmäßige, chronologisch (im Grundbuch oder Journal) bzw. sachlich (im Hauptbuch auf Konten) geordnete Aufzeichnung aller *wirtschaftlich relevanten Geschäftsfälle* einer Unternehmung in einer Abrechnungsperiode (zum Beispiel Monat, Quartal oder Geschäftsjahr).

Als wirtschaftlich relevant sind solche Geschäftsfälle anzusehen, die

- zu einer Veränderung der Höhe von Vermögens- und/oder Kapitalpositionen führen, beispielsweise die Aufnahme eines Darlehens und dessen Bankgutschrift (Erhöhung des Darlehensbestandes und des Bankguthabens) oder Banküberweisung an den Lieferer zum Zwecke des Rechnungsausgleiches (Verminderung des Bankguthabens und der kurzfristigen Verbindlichkeiten);

- zu einer Veränderung der Vermögensstruktur führen, etwa wenn ein Kunde eine Rechnung durch Banküberweisung bezahlt;

- zu einer Veränderung der Kapitalstruktur führen, zum Beispiel wenn eine kurzfristige Liefererschuld in ein langfristiges Darlehen umgewandelt wird.

Die Finanzbuchhaltung ist eine zeitraumbezogene Rechnung.

Das Ergebnis dieser Rechnung bildet zum einen die *Bilanz*, in der an einem Stichtag (Bilanzstichtag = Ende des Geschäftsjahres) die Bestände des Vermögens den Beständen der Schulden und des Eigenkapitals gegenübergestellt werden.

Das andere Ergebnis der Finanzbuchhaltung ist die *Gewinn- und Verlustrechnung*, in der den Erträgen der Unternehmung die Aufwendungen einer Abrechnungsperiode gegenübergestellt werden.

Sowohl aus der Bilanz wie auch aus der Gewinn- und Verlustrechnung läßt sich dann der Unternehmenserfolg ablesen. Der positive Erfolg wird als *Gewinn*, der negative Erfolg als *Verlust* bezeichnet.

Die Finanzbuchhaltung bildet die Grundlage für alle weiteren Rechnungen, da sie die übrigen Zweige des betrieblichen Rechnungswesens mit dem notwendigen Zahlenmaterial versorgt.

2.2 Rechtliche und wirtschaftliche Grundlagen der Finanzbuchhaltung

Zur Buchführung werden die Unternehmen grundsätzlich vom Gesetzgeber verpflichtet. So sind nach Handelsrecht alle Vollkaufleute zur Buchführung angehalten:
„Jeder Kaufmann ist verpflichtet, Bücher zu führen und in diesen seine Handelsgeschäfte und die Lage seines Vermögens nach den Grundsätzen ordnungsmäßiger Buchführung ersichtlich zu machen" (§ 238 Abs. 1 HGB – Handelsgesetzbuch).

Die Verpflichtung zur Buchführung ergibt sich darüber hinaus auch aus steuerrechtlichen Vorschriften.

So müssen nach § 140 AO (Abgabenordnung) alle Unternehmen Bücher führen, die nach § 238 HGB buchführungspflichtig sind.

Zusätzlich müssen nach § 141 AO auch Minderkaufleute dann Bücher führen, wenn sie eines der in § 141 AO genannten Größenmerkmale aufweisen. Die Buchführungspflicht ist nach § 140 AO auch im Interesse der Besteuerung zu erfüllen.

Über die grundsätzliche Bestimmung zur Buchführungspflicht hinaus sind zahlreiche weitere gesetzliche Vorschriften zu beachten.

Wesentliche *handelsrechtliche Rechnungslegungsvorschriften* sind im dritten Buch des Handelsgesetzbuches (§§ 238 bis 339 HGB) zu finden.

Wichtige *steuerrechtliche Bestimmungen* über die Rechnungslegung enthalten das Einkommensteuergesetz (EStG), Körperschaftsteuergesetz (KStG), Umsatzsteuergesetz (UStG), Gewerbesteuergesetz (GewStG), die Abgabenordnung (AO) und vor allem, als eine Art „amtlicher Kommentar" der Finanzverwaltung zum Einkommensteuergesetz, die Einkommensteuer-Richtlinien (EStR).

Die Notwendigkeit, Buchführung zu betreiben, ergibt sich nicht nur von Gesetzes wegen, sondern auch aus *wirtschaftlichem Eigeninteresse* des Unternehmens oder besser der Unternehmensleitung bzw. der Gesellschafter.

Sie dient *intern* unter anderem dazu,

- den Stand und die Veränderungen des Vermögens und der Schulden aufzuzeigen (Bilanz),
- den Unternehmenserfolg zu ermitteln (Bilanz, Gewinn- und Verlustrechnung),
- der Kalkulation Zahlen für die Preisberechnung zu liefern,
- die Grundlage für die Bewertung der unfertigen und fertigen Erzeugnisse und der Eigenleistungen zu schaffen,

- der innerbetrieblichen Revision die Kontrolle der Kosten und der Wirtschaftlichkeit zu ermöglichen,
- der Unternehmensleitung Planungsdaten an die Hand zu geben,
- als Beweismittel bei Rechtsstreitigkeiten mit Kunden, Lieferanten usw. zu fungieren.

Außenstehende benötigen die Ergebnisse der Buchführung, nämlich die Bilanz und die Gewinn- und Verlustrechnung, um Entscheidungen zu treffen, so zum Beispiel:

- die Banken über die Vergabe von Krediten,
- die Lieferanten und Kunden über die Aufnahme, Fortsetzung oder Beendigung von Geschäftsbeziehungen,
- die (potentiellen) Gesellschafter über eine Beteiligung am Unternehmen,
- die Finanzbehörde über die Höhe der Steuern.

2.3 Grundsätze ordnungsmäßiger Buchführung und Bilanzierung

„Die Buchführung muß so beschaffen sein, daß sie einem sachverständigen Dritten innerhalb angemessener Zeit einen Überblick über die Geschäftsvorfälle und über die Lage des Unternehmens vermitteln kann" (§ 238 Abs. 1 Satz 2 HGB und § 145 Abs. 1 AO).

Genügt die Buchführung auch noch den bereits genannten gesetzlichen Bestimmungen, so entspricht sie den *Grundsätzen ordnungsmäßiger Buchführung* (GoB).

■ **Der Grundsatz der Bilanzwahrheit**

Er umfaßt zum einen den Grundsatz der *Vollständigkeit,* der besagt, daß alle und nur tatsächlich stattgefundene Geschäfte aufgezeichnet werden. Zum anderen meint Bilanzwahrheit den Grundsatz der *Richtigkeit.* Darunter ist zu verstehen, daß für die Aktiva und die Passiva der Bilanz der richtige Wert anzusetzen ist, wenngleich nicht eindeutig ist, welcher Wert als richtig anzusehen ist. So läßt zum Beispiel das Steuerrecht zum Teil andere Wertansätze zu als das Handelsrecht: Nach Handelsrecht (§ 255 Abs. 2 HGB) brauchen – etwa bei der Aktivierung von Eigenleistungen – lediglich die Einzelkosten angesetzt zu werden, während nach Steuerrecht (Abschnitt 33 EStR) in die Herstellungskosten noch zusätzlich die Materialgemeinkosten und Fertigungsgemeinkosten einschließlich der bilanziellen Abschreibungen und der Aufwendungen für die betriebliche Altersversorgung eingerechnet werden müssen.

Vollständigkeit und Richtigkeit sind somit zwei Seiten der einen Medaille „Bilanzwahrheit".

■ **Das Prinzip der Vorsicht**

Dieses Prinzip der vorsichtigen Bewertung des Vermögens und der Schulden findet seinen Ausdruck im sogenannten *Imparitätsprinzip,* das die ungleiche Behandlung nicht realisierter Gewinne und nicht realisierter Verluste zum Inhalt hat.

Beispiel:

Der Wert eines Betriebsgrundstückes, Kaufpreis am 05. Januar 600 000,– DM, ist innerhalb eines Jahres auf 620 000,– DM gestiegen. Mit welchem Wert ist das Grundstück in der Bilanz per 31. Dezember desselben Jahres anzusetzen?

Lösung:

Das Grundstück ist mit 600 000,– DM zu bilanzieren, da ein Bilanzansatz über den Anschaffungspreis hinaus nicht zulässig ist. Der nicht realisierte Gewinn in Höhe von 20 000,– DM darf in der Bilanz nicht ausgewiesen werden (*Realisations- oder Anschaffungswertprinzip*)

Beispiel:

Die Wilke KG kauft am 16. Mai zur kurzfristigen Anlage liquider Mittel AEG-Aktien zum Kurs von 321,– DM je Stück. Am 31. Dezember desselben Jahres (Bilanzstichtag) ist der Kurs auf 305,– DM je Stück gesunken. Mit welchem Wert sind die AEG-Aktien in der Bilanz der Wilke KG auszuweisen?

Lösung:

Die AEG-Aktien sind mit dem niedrigeren Tageswert von 305,– DM je Stück in der Bilanz auszuweisen. Da die Aktien zum Umlaufvermögen der Wilke KG gehören (kurzfristige Anlage), gilt das strenge Niederstwertprinzip. Der nicht realisierte Verlust von 16,– DM je AEG-Aktie muß in der Bilanz ausgewiesen werden.

■ **Das Prinzip der Bilanzklarheit**

Dieses Prinzip (§ 243 Abs. 2 HGB) fordert, daß Bilanz wie auch Gewinn- und Verlustrechnung übersichtlich aufgestellt werden.

Was unter Klarheit und Übersichtlichkeit zu verstehen ist, ergibt sich zum einen aus den *Gliederungsvorschriften* der Bilanz gemäß § 266 HGB und der Gewinn- und Verlustrechnung gemäß § 275 HGB; diese werden in den Abschnitten 2.5.2 sowie 2.5.3 näher besprochen.

Zur Übersichtlichkeit trägt auch die Berücksichtigung des noch zu erläuternden *Kontenrahmens* bei der Aufstellung des Kontenplanes bei.

Schließlich verlangt der Grundsatz der Klarheit die Anwendung des *Bruttoprinzips*. Das heißt für die Bilanz, daß Posten der Aktivseite (zum Beispiel Forderungen) nicht mit Posten der Passivseite (Verbindlichkeiten) saldiert werden dürfen.

Ebenso dürfen in der Gewinn- und Verlustrechnung keine Erträge (zum Beispiel Zinserträge) mit entsprechenden Aufwendungen (Zinsaufwendungen) saldiert werden.

■ **Das Prinzip der Bilanzkontinuität**

Dieses Prinzip besagt in formaler Hinsicht, daß die Zahlen der Eröffnungsbilanz einer Bilanzperiode identisch sein müssen mit den Zahlen der Schlußbilanz der vorangegangenen Bilanzperiode.

In materieller Hinsicht fordert dieses Prinzip die Gleichmäßigkeit der Bewertungsgrundsätze.

■ **Sonstige wichtige Grundsätze ordnungsmäßiger Buchführung**

- Jeder Buchung muß ein Beleg zugrunde liegen.
- Der ursprüngliche Inhalt einer Buchung darf nicht unleserlich gemacht werden (§ 146 AO).
- Alle Buchungsunterlagen sind gemäß den Fristen nach § 147 AO bzw. § 257 HGB zehn Jahre lang aufzubewahren.
- Der Jahresabschluß ist vom Unternehmer/von den Gesellschaftern bzw. vom Vorstand/Geschäftsführer zu unterzeichnen (§ 245 HGB).

2.4 Kontenrahmen und Kontenplan

Um die vielen verschiedenen laufenden Geschäftsfälle zu buchen, reichen die handelsrechtlichen Mindestgliederungsvorschriften für die Bilanz und die Gewinn- und Verlustrechnung bzw. die dort im einzelnen aufgeführten Positionen für einen Industriebetrieb nicht aus. Benötigt werden differenziertere Einteilungen.

Gleichzeitig erscheint eine gewisse Vereinheitlichung der Buchführung in den verschiedenen Wirtschaftszweigen wünschenswert. Daher hat zum Beispiel der Bundesverband der Deutschen Industrie im Jahre 1950 den sogenannten *Gemeinschaftskontenrahmen der Industrie* (GKR) entwickelt und den Industriebetrieben zur Anwendung empfohlen. Ihm folgte im Jahr 1971 der sogenannte *Industriekontenrahmen* (IKR), dargestellt in Tabelle 1.

Unter einem Kontenrahmen ist die systematische Gliederung aller Konten zu verstehen.

Die Konten des Industriekontenrahmens sind nach dem *dekadischen System* in neun Kontenklassen von Null bis Acht eingeteilt. Die Kontenklasse Neun, die für die Kosten- und Leistungsrechnung bestimmt ist, sofern diese auf Konten durchgeführt wird, ist völlig offen gelassen.

Jede Kontenklasse kann in zehn Kontengruppen, jede Kontengruppe in zehn Kontenarten, diese wiederum in zehn Kontenunterarten usw. unterteilt werden.

Die Konten des Industriekontenrahmens sind nach dem sogenannten *Abschlußprinzip*, d.h. im Hinblick auf den handelsrechtlichen Jahresabschluß, gegliedert. Die Systematik der Konten stimmt also

Klasse 0	Klasse 2
Sachanlagen und immaterielle Anlagewerte	**Vorräte, Forderungen und aktive Rechnungsabgrenzungsposten**

Klasse 0 – Sachanlagen und immaterielle Anlagewerte

00 Ausstehende Einlagen auf das Grund- oder Stammkapital (Kapitalgesellschaften)
01 Grundstücke mit Geschäfts- und Fabrikbauten
02 Grundstücke mit Wohnbauten
03 Grundstücke ohne (eigene) Bauten
04 Frei
05 Maschinen und maschinelle Anlagen
06 Betriebs- und Geschäftsausstattung
   060 Betriebs- und Geschäftsausstattung
   061 Werkzeug
   064 Fuhrpark
   069 Geringwertige Wirtschaftsgüter der Betriebs- und Geschäftsausstattung
07 Frei
08 Anlagen im Bau und Anzahlungen auf Anlagen
   080 Anlagen im Bau
   085 Anzahlungen auf Anlagen
09 Konzessionen, gewerbliche Schutzrechte und ähnliche Rechte

Klasse 1

Finanzanlagen und Geldkonten

10 Beteiligungen
11 Wertpapiere des Anlagevermögens
12 Langfristige Ausleihungen (mind. 4 Jahre)
13 Besitzwechsel
   130 Besitzwechsel
   139 Protestwechsel
14 Schecks
15 Kassenbestand, Bundesbank- und Postgiroguthaben
   150 Kasse
   158 Bundesbank- oder Landeszentralbankguthaben
   159 Postgiroguthaben
16 Guthaben bei Kreditinstituten (Banken)
17 Wertpapiere des Umlaufvermögens
18 Frei (bei AG: Eigene Aktien)
19 Frei (bei AG: Anteile an einer herrschenden oder an der Gesellschaft mit Mehrheit beteiligten Kapitalgesellschaft)

Klasse 2 – Vorräte, Forderungen und aktive Rechnungsabgrenzungsposten

20 Roh-, Hilfs- und Betriebsstoffe
   200 Rohstoffe und Fremdbauteile
      2001 Bezugskosten
      2002 Nachlässe für Rohstoffe
   201 Hilfsstoffe
      Untergliederung wie 200
   202 Betriebsstoffe
      Untergliederung wie 200
21 Unfertige Erzeugnisse
22 Fertige Erzeugnisse
   220 Fertige Erzeugnisse
   225 Handelswaren
      Untergliederung wie 200
23 Geleistete eigene Anzahlungen für Gegenstände des Umlaufvermögens
24 Forderungen aus Lieferungen und Leistungen
   240 Forderungen
   249 Zweifelhafte Forderungen
25 Frei (bei AG Forderungen an verbundene Unternehmen)
26 Frei (Forderungen gemäß §§ 89 und 115 AktG)
27 Frei
28 Sonstige Forderungen und Vermögensgegenstände
   280 Vorsteuer
   284 Forderungen an Belegschaftsmitglieder (Lohn- u. Gehaltsvorschüsse)
   289 Sonstige Forderungen
29 Aktive Rechnungsabgrenzungsposten sowie Bilanzverlust
   290 Akt. RAP (ARA)
   299 Bilanzverlust

Tabelle 1: Industriekontenrahmen

Klasse 3

Eigenkapital, Wertberichtigungen und Rückstellungen

I. Unternehmen, die das Jahresergebnis über Eigenkapitalkonten abschließen (Einzelkaufleute und Personengesellschaften):
- 30 Eigenkapital A
  - 300 Eigenkapital A
  - 301 Privat A
- 31 Eigenkapital B
  - Untergliederung wie 30

II. Unternehmen, die das Jahresergebnis **nicht** über Eigenkapitalkonten abschließen (Kapitalgesellschaften):
- 30 Grund- oder Stammkapital
- 31 Gesetzliche Rücklage
- 32 Andere (freie) Rücklagen
- 33 Frei
- 34 Sonderposten mit Rücklageanteil
- 35 Wertberichtigungen zu Sachanlagen
- 36 Wertberichtigungen zu Beteiligungen u. zu Wertpapieren des Anlagevermögens
- 37 Wertberichtigungen zu Forderungen
  - 370 Pauschalwertberichtigungen
  - 371 Einzelwertberichtigungen
- 38 Pensionsrückstellungen
- 39 Andere Rückstellungen

Klasse 4

Verbindlichkeiten und passive Rechnungsabgrenzungsposten

- 40 Anleihen mit einer Laufzeit von mindestens 4 Jahren
- 41 Verbindlichkeiten gegenüber Kreditinstituten mit einer Laufzeit von mindestens 4 Jahren
- 42 Sonstige Verbindlichkeiten mit einer Laufzeit von mindestens 4 Jahren
- 43 Verbindlichkeiten aus Lieferungen und Leistungen
- 44 Schuldwechsel
- 45 Verbindlichkeiten gegenüber Kreditinstituten mit einer Laufzeit bis zu 4 Jahren
- 46 Erhaltene Anzahlungen
- 47 Frei (bei AG: Verbindlichkeiten gegenüber verbundenen Unternehmen)
- 48 Sonstige Verbindlichkeiten
  - 480 Umsatzsteuer
  - 481 Noch abzuführende Abgaben
  - 488 Gewinnanteile
  - 489 Sonstige Verbindlichkeiten
- 49 Passive Rechnungsabgrenzungsposten sowie Bilanzgewinn
  - 490 Passive RAP (PRA)
  - 499 Bilanzgewinn

Klasse 5

Erträge

- 50 Umsatzerlöse
  - 500 Umsatzerlöse für Fertigerzeugnisse
    - 5000 Erlöse
    - 5001 Erlösschmälerungen
  - 508 Umsatzerlöse für Handelswaren Untergliederung wie 500
  - 509 Sonstige Umsatzerlöse
- 51 Erhöhung oder Verminderung des Bestandes an fertigen und unfertigen Erzeugnissen (Bestandsveränderungen)
- 52 Andere aktivierte Eigenleistungen
- 53 Erträge aus Gewinngemeinschaften und aus Finanzanlagen
  - 530 Erträge aus Gewinngemeinschaften
  - 531 Erträge aus Beteiligungen
  - 532 Erträge aus anderen Finanzanlagen
- 54 Sonstige Zinsen und ähnliche Erträge
  - 540 Zinserträge
  - 542 Diskonterträge
  - 543 Erträge aus Wertpapieren des Umlaufvermögens
- 55 Erträge aus dem Abgang von Gegenständen des Anlagevermögens
- 56 Erträge aus der Herabsetzung der Pauschalwertberichtigung zu Forderungen
- 57 Erträge aus der Auflösung von Rückstellungen
- 58 Erträge aus der Auflösung von Sonderposten mit Rücklagenanteil (Kto 34)
- 59 Sonstige Erträge
  - 590 Erträge aus Vermietung und Verpachtung
  - 591 Verschiedene sonstige Erträge

Klasse 6

Material- und Personalaufwendungen, Abschreibungen und Wertberichtigungen

60 Aufwendungen für Roh-, Hilfs- und Betriebsstoffe sowie für Waren
  600 Aufwendungen für Rohstoffe
  601 Verbrauch von bezogenen Fertigteilen
  603 Aufwendungen für Hilfsstoffe
  604 Aufwendungen für Betriebsstoffe
  608 Aufwendungen für Wareneinsatz
61 Frei
62 Löhne und Gehälter
  620 Löhne
  621 Gehälter
63 Soziale Abgaben
64 Aufwendungen für Altersversorgung und Unterstützung
65 Sonstige Personalaufwendungen
66 Abschreibungen auf Sachanlagen und immaterielle Anlagewerte
  660 Abschreibungen auf Geschäfts- und Fabrikbauten
  664 Abschreibungen auf Maschinen und maschinelle Anlagen
  667 Abschreibungen auf immaterielle Anlagewerte
67 Abschreibung auf Finanzanlagen
68 Verluste aus Wertminderungen oder Abgängen im Umlaufvermögen außer Vorräten
  680 Verluste aus Wertminderungen oder Abgängen im Umlaufvermögen
  689 Abschreibungen auf Forderungen
69 Verluste aus dem Abgang von Gegenständen des Anlagevermögens

Klasse 7

Zinsen, Steuern und sonstige Aufwendungen

70 Zinsen und ähnliche Aufwendungen
  700 Zinsaufwendungen
  701 Verzugszinsen
  702 Diskontaufwendungen
  709 Sonstige Zinsen und ähnliche Aufwendungen
71 Steuern vom Einkommen, vom Ertrag und vom Vermögen
  710 Körperschaftsteuer
  712 Gewerbesteuer
  715 Grundsteuer
  716 Vermögenssteuer
  719 Außerordentlicher Steueraufwand
72 Sonstige Steuern
  720 Kraftfahrzeugsteuer
  722 Wechselsteuer
  728 Andere Steuern
73 Aufwendungen aus Verlustübernahme
74 Einstellungen in Sonderposten mit Rücklageanteil
75 Aufwendungen für die Inanspruchnahme von Rechten sowie für Fremdleistungen
  750 Mieten und Pachten
  753 Reparaturen, Instandhaltung
  755 Ausgangsfrachten
  756 Prüfung, Beratung, Rechtsschutz
  757 Provisionen (Vertreter u. a.)
76 Aufwendungen für Materialien und Kommunikation
  761 Verpackungsmaterialien
  762 Büromaterialien
  764 Postaufwendungen
  765 Reisen
  766 Werbung
  769 Sonstige Aufwendungen
77 Aufwendungen für den Zahlungsverkehr sowie Versicherungen und Gebühren
  770 Kosten des Geldverkehrs
  773 Versicherungen
  776 Beiträge, Gebühren
78 Sonstige Aufwendungen
  780 Spenden
  781 Schadensfälle
  789 Verschiedene sonstige Aufwendungen
79 Frei

Klasse 8

Eröffnung und Abschluß

80 Eröffnungsbilanzkonto
I. Bei Einzelkaufleuten und Personengesellschaften erfolgt der Abschluß der Kontenklassen 5–7 über das Konto
87 Gewinn- und Verlustkonto
88 Gewinn- und Verlustverteilungskonto
II. Bei Aktiengesellschaften sind folgende Staffelpositionen zu berücksichtigen:
81 Jahresüberschuß/Jahresfehlbetrag
82 Gewinnvortrag/Verlustvortrag aus dem Vorjahr
83 Entnahmen aus der gesetzlichen Rücklage
84 Entnahmen aus freien Rücklagen
85 Einstellungen aus dem Jahresüberschuß in die gesetzliche Rücklage
86 Einstellungen aus dem Jahresüberschuß in freie Rücklagen
87 Bilanzgewinn/Bilanzverlust
88 Frei
89 Schlußbilanzkonto

mit der Gliederung der Bilanz und der Gewinn- und Verlustrechnung nach HGB überein.

Aus dem Kontenrahmen entwickelt nun jedes Unternehmen seinen *individuellen Kontenplan* entsprechend seinen besonderen Belangen (Branche, Struktur, Größe), wobei die Grundordnung des Kontenrahmens nicht verletzt wird. Auch hier gilt das dekadische System.

Der Kontenplan enthält dann nur die für das Unternehmen relevanten Konten. Die dem Kontenrahmen entnommenen Konten behalten ihre Ziffern; nicht benötigte Konten werden weggelassen, zusätzlich benötigte Konten werden eingefügt.

2.5 Jahresabschluß

Das Rechnungswesen in seiner Gesamtheit ist ein Informations- und Entscheidungssystem, in das als wesentlicher Bestandteil der Jahresabschluß eingelagert ist.

Er soll das betriebswirtschaftliche Geschehen eines Unternehmens während eines abgelaufenen Geschäftsjahres in komprimierter Form abbilden. Der Jahresabschluß ist also eine vergangenheitsbezogene Rechnung.

Er soll andererseits Entscheidungshilfen für die Unternehmenspolitik und für die Beurteilung eines Unternehmens liefern, wozu die Zahlen des Jahresabschlusses aufzubereiten sind. Insofern ist der Jahresabschluß zukunftsorientiert.

Zum Jahresabschluß gehören:

bei Einzelunternehmen und Personengesellschaften (oHG, KG, GmbH & Co. KG)
- Bilanz,
- Gewinn- und Verlustrechnung (§ 242 Abs. 1 u. 2 HGB),

bei Kapitalgesellschaften (AG, KGaA, GmbH)
- Bilanz,
- Gewinn- und Verlustrechnung,
- Anhang (§ 264 Abs. 1 HGB).

Da die Bilanz aus dem Inventar, das das Ergebnis der Inventur ist, entwickelt wird, sei zunächst auf die Begriffe Inventur und Inventar eingegangen.

2.5.1 Inventur und Inventar

Nach § 240 HGB und §§ 141 f. AO ist der Kaufmann verpflichtet, zum Ende eines jeden Geschäftsjahres eine *art-, mengen- und wertmäßige Bestandsaufnahme* aller Vermögensteile und Schulden vorzunehmen. Die Durchführung dieser Bestandsaufnahme wird als Inventur bezeichnet.

Das Ergebnis der Inventur ist das sogenannte Inventar, das als ausführliches *Bestandsverzeichnis alle Vermögensteile und Schulden* eines Unternehmens zum Bilanzstichtag aufweist und durchaus mehrere Bände – je nach Unternehmensgröße – umfassen kann.

Das Inventar steht zwischen der Buchhaltung und der Bilanz. Erst das Inventar ermöglicht die Aufstellung einer ordnungsgemäßen Bilanz. Denn nicht immer stimmen die Salden der Bestandskonten mit den Inventurbeständen überein. Derartige Abweichungen, verursacht etwa durch Falschbuchungen, Doppelbuchungen, vergessene Buchungen oder nicht mögliche Buchungen (beispielsweise Diebstahl, Schwund), werden erst durch die Inventur entdeckt und führen zu nachträglichen Korrekturbuchungen, bevor dann die Bilanz erstellt wird.

Wie und zu welchem Zeitpunkt die Inventur durchgeführt wird, zeigt die folgende Übersicht über die Inventurarten:

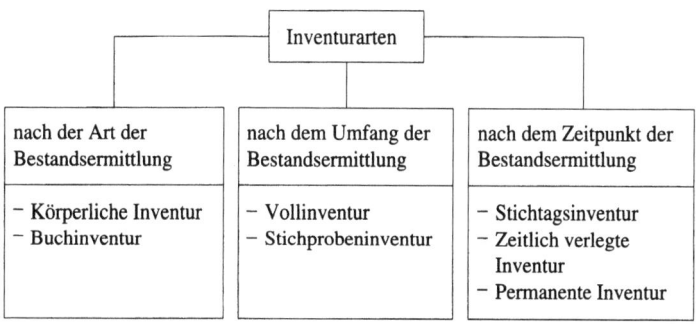

Abbildung 1: Inventurarten

- **Körperliche Inventur**

Unter körperlicher Inventur ist die *mengenmäßige Bestandsaufnahme aller körperlichen Vermögensgegenstände* durch Zählen, Messen, Wiegen und anschließende Bewertung zu verstehen.

Zu den körperlichen Vermögensgegenständen gehören vor allem:

- das unbewegliche Anlagevermögen wie Grundstücke und Gebäude,
- das bewegliche Anlagevermögen wie Maschinen, Fuhrpark, Betriebs- und Geschäftsausstattung,
- das Vorratsvermögen wie Roh-, Hilfs- und Betriebsstoffe, Handelswaren sowie unfertige und fertige Erzeugnisse,
- der Kassenbestand.

Nach Abschnitt 31 EStR kann für die beweglichen Güter des Anlagevermögens eine körperliche Inventur dann entfallen, wenn für jeden einzelnen Gegenstand eine gesonderte Anlagenkartei geführt wird, aus welcher die Bezeichnung des Gutes, der Tag der Anschaffung oder Herstellung, Anschaffungswert oder Herstellungskosten, Nutzungsdauer, jährliche Abschreibung und Tag des Abganges ersichtlich sind.

Die Bestände des nicht körperlichen Vermögens wie Forderungen, Bank- und Postgiroguthaben und der Schulden werden durch Buchinventur, also *aufgrund buchhalterischer Aufzeichnungen*, ermittelt.

Die Vollaufnahme, das heißt die Aufnahme aller einzelnen Vermögensgegenstände und Schuldenteile, bildet den Regelfall nach § 240 Abs. 1 und 2 HGB.

Unter den in § 241 Abs. 1 HGB genannten Bedingungen ist auch – aus Vereinfachungsgründen – die Inventur mittels Stichproben zulässig.

Die körperliche Inventur kann zu unterschiedlichen Zeitpunkten durchgeführt werden.

Die Stichtagsinventur ist die Inventur am Bilanzstichtag (= Ende des Geschäftsjahres). Sie braucht nach Abschnitt 30 Abs. 1 EStR nicht am Bilanzstichtag selbst vorgenommen zu werden. Sie muß jedoch zeitnah durchgeführt werden, d.h. in der Regel innerhalb von zehn Tagen vor oder nach dem Bilanzstichtag. Da die Werte per Bilanzstichtag auszuweisen sind, müssen die Bestandsveränderungen zwischen dem Tag der Bestandsaufnahme und dem Bilanzstichtag berücksichtigt werden:

- Wird die Inventur *nach dem Bilanzstichtag* durchgeführt, so müssen alle Zugänge seit dem Bilanzstichtag vom Wert des Aufnahmetages abgezogen, alle Abgänge dagegen zugezählt werden (Rückrechnung).

- Wird die Inventur *vor dem Bilanzstichtag* durchgeführt, so müssen die Zugänge zwischen Aufnahmetag und Bilanzstichtag dem Wert am Aufnahmetag zugerechnet, die Abgänge hingegen abgezogen werden (Fortschreibung).

Die Stichtagsinventur führt, insbesondere beim Vorratsvermögen, zu einem großen Arbeitsanfall innerhalb weniger Tage, mithin zu organisatorischen und arbeitstechnischen Problemen, die in vielen Betrieben Arbeitsunterbrechungen zur Folge haben.

Hier bietet nun der Gesetzgeber die Möglichkeit der zeitlich verlegten Inventur, die eine wesentliche Erleichterung für die Unternehmen darstellt.

So kann die körperliche Inventur nach § 241 Abs. 3 HGB bzw. nach Abschnitt 30 Abs. 3 EStR

- innerhalb der letzten *drei Monate vor dem Bilanzstichtag* oder
- innerhalb von *zwei Monaten nach dem Bilanzstichtag*

durchgeführt werden.

Dabei muß auch hier die Wertfortschreibung bzw. Wertrückrechnung bis zum Bilanzstichtag gewährleistet sein.

■ Permanente Inventur

Als weitere Alternative läßt der Gesetzgeber schließlich die sogenannte permanente Inventur zu (§ 241 Abs. 2 HGB und Abschnitt 30 Abs. 2 EStR). Sie ermöglicht es, den Vermögensbestand nach Art, Menge und Wert auch ohne gleichzeitige körperliche Inventur am Bilanzstichtag *anhand von Lager- und Anlagekarteien* zu ermitteln. Voraussetzung dafür ist, daß laufend alle Zu- und Abgänge in diesen Karteien erfaßt werden, so daß jederzeit die Salden (Bestände) errechenbar sind, also auch für den Bilanzstichtag.

Zur Überprüfung, ob die Sollbestände (Buchbestände) mit den Istbeständen (tatsächliche Bestände) übereinstimmen, muß nach Abschnitt 30 Abs. 2 Ziffer 2 EStR einmal im Wirtschaftsjahr eine körperliche Inventur durchgeführt werden. Der Zeitpunkt dafür kann frei gewählt werden. Die Prüfung braucht nicht für alle Bestände gleichzeitig vorgenommen zu werden.

Gegenüber der zeitlich verlegten Inventur ergibt sich dadurch eine weitere zeitliche Entzerrung des Arbeitsanfalles bei der körperlichen Inventur.

Das *Inventar* (vgl. Beispiel 1 im Anhang) als Ergebnis der Inventur besteht aus drei Teilen:

A. Vermögen
B. Schulden
C. Reinvermögen (= Eigenkapital)

Das *Vermögen unter A* ist untergliedert in das Anlagevermögen und das Umlaufvermögen.

Das Anlagevermögen umfaßt alle die Vermögensgegenstände, die – nach § 152 Abs. 1 AktG – am Abschlußtag bestimmt sind, *dauernd dem Geschäftsbetrieb zu dienen*. Dazu gehören etwa Grundstücke, Gebäude, Maschinen, Fuhrpark, Betriebs- und Geschäftsausstattung sowie Finanzanlagen wie Beteiligungen und Wertpapiere des Anlagevermögens.

Ausgehend von der Definition des Anlagevermögens gehören demnach die Vermögensgegenstände, die die Kriterien „auf Dauer" und/oder „dem Geschäftsbetrieb dienen" nicht erfüllen, zum Umlaufvermögen. Im wesentlichen handelt es sich um solche Vermögenspositionen, die sich ständig verändern, da sie laufend umgesetzt werden. Dazu gehören vor allem die Vorräte an Roh-, Hilfs- und Betriebsstoffen, die unfertigen und fertigen Erzeugnisse, die Forderungen aus Lieferungen und Leistungen, die Bank- und Postgiroguthaben sowie der Kassenbestand.

Grundsätzlich sind alle Vermögensgegenstände *einzeln zu bewerten* und in das Inventar einzeln aufzunehmen. Zur Erleichterung der Inventur läßt der Gesetzgeber jedoch zwei Ausnahmen vom Prinzip der Einzelbewertung zu:

■ **Gruppenbewertung und Festwert**

(1) Nach § 240 Abs. 4 HGB und Abschnitt 36 Abs. 3 EStR können

- gleichartige Vermögensgegenstände des Vorratsvermögens sowie

- andere gleichartige oder annähernd gleichwertige bewegliche Vermögensgegenstände

zu einer Gruppe zusammengefaßt und mit dem gewogenen Durchschnittswert bewertet werden.

Dabei sind mit Gleichartigkeit die gleiche Warengattung (zum Beispiel Erzeugnisse verschiedener Abmessungen wie Bleche, Spanplatten, Garne) oder funktionsgleiche Güter bei annähernder Preisgleichheit gemeint.

Gleichwertige Güter müssen nicht unbedingt gleichartig sein, dürfen aber auch nicht vollkommen verschieden sein.

(2) § 240 Abs. 3 HGB (wie auch Abschnitt 36 Abs. 4 EStR) läßt die Bewertung von Gegenständen des Sachanlagevermögens – hier insbesondere der Betriebs- und Geschäftsausstattung – sowie der Roh-, Hilfs- und Betriebsstoffe zum Festwert zu, „wenn sie regelmäßig ersetzt werden und ihr Gesamtwert für das Unternehmen von nachrangiger Bedeutung ist, ..., sofern ihr Bestand in seiner Größe, seinem Wert und seiner Zusammensetzung nur geringen Veränderungen unterliegt". Als Beispiel sei hier das Geschirr einer Werkskantine genannt. Alle drei Jahre muß jedoch eine körperliche Inventur durchgeführt werden.

Das Vermögen ist nach dem *Prinzip der zunehmenden Liquidität* (Flüssigkeit) geordnet.

Die *Schulden unter B* (Fremdkapital) sind untergliedert in langfristige Schulden und kurzfristige Schulden.

Was als langfristig oder kurzfristig zu gelten hat, geht aus den gesetzlichen Bestimmungen nicht hervor. Einen Anhaltspunkt könnten die §§ 268 Abs. 5 und 285 Abs. 1 HGB geben. Danach sind Verbindlichkeiten mit einer Restlaufzeit bis zu einem Jahr in der Bilanz zu vermerken (§ 268 Abs. 5 HGB), Verbindlichkeiten mit einer Restlaufzeit von mehr als fünf Jahren bei Kapitalgesellschaften im Anhang anzugeben (§ 258 Abs. 1 HGB).

Hieraus könnte abgeleitet werden, daß Verbindlichkeiten mit einer Laufzeit von fünf Jahren und mehr als langfristig angesehen werden können.

Die Schulden werden nach dem *Prinzip abnehmender Fristigkeit* gegliedert.

Schließlich ist *unter C das Reinvermögen* (Eigenkapital) zu ermitteln, das sich aus der Differenz von Vermögen abzüglich der Schulden ergibt.

Der äußeren Form nach wird das Inventar in *Staffelform* und dreispaltig geführt.

Das Inventar ist gemäß § 257 HGB zehn Jahre lang aufzubewahren.

2.5.2. Bilanz

Neben dem Inventar hat jeder Kaufmann nach § 242 Abs. 1 HGB „... für den Schluß eines Geschäftsjahres einen das Verhältnis seines Vermögens und seiner Schulden darstellenden Abschluß (... Bilanz) aufzustellen."

Anders als das Inventar, in dem alle Vermögensteile und Schulden einzeln aufgeführt werden müssen und das daher wegen seines Umfanges ziemlich unübersichtlich ist, kann die Bilanz als eine kurzgefaßte Übersicht des Inventars angesehen werden (Vgl. Beispiel 2 im Anhang).

Die Bilanz ist in Kontoform aufzustellen (§ 266 Abs. 1 HGB). Die linke Seite wird als Aktivseite bezeichnet; auf ihr sind das Anlagevermögen und das Umlaufvermögen sowie der aktive Rechnungsabgrenzungsposten und ein möglicher Verlust auszuweisen. Die Aktiva sind, wie das Vermögen des Inventars, nach dem Prinzip zunehmender Liquidität gegliedert. Die Aktivseite zeigt an, in welche *konkreten Vermögensformen* das Kapital investiert wird, verdeutlicht also die *Mittelverwendung*.

Die rechte Seite der Bilanz wird Passivseite genannt. Auf ihr werden das Eigenkapital, die Schulden, der passive Rechnungsabgrenzungsposten und ein möglicher Gewinn ausgewiesen. Die Passiva sind, wie die Schulden des Inventars, nach dem Prinzip abnehmender Fristigkeit gegliedert. Da das Eigenkapital dem Unternehmen am längsten zur Verfügung steht, wird es folgerichtig an erster Stelle der Passiva genannt. Die Passivseite zeigt, mit welchen – abstrakten – Mitteln (Eigen- und/oder Fremdkapital) das Vermögen finanziert wird, zeigt also die Mittelherkunft oder Finanzierung an.

Die Summen von Aktiva und Passiva, die immer gleich hoch sein müssen, werden als Bilanzsummen bezeichnet.

Die Vermögens- und Kapitalpositionen sind nach § 247 Abs. 1 HGB hinreichend aufzugliedern. Was als hinreichend anzusehen ist, ergibt sich aus den *Mindestgliederungsvorschriften* für die Bilanzen von Kapitalgesellschaften. Dabei unterscheidet der Gesetzgeber noch zwischen großen und mittelgroßen Kapitalgesellschaften einerseits und kleinen Kapitalgesellschaften andererseits. Was als große, mittelgroße und kleine Kapitalgesellschaft anzusehen ist, regelt § 267 HGB. Treffen danach zwei von drei Größenmerkmalen zu, so ist das jeweilige Unternehmen in die entsprechende Größenklasse einzuordnen:

Größenklasse / Merkmale	kleine Gesellschaften	mittelgroße Gesellschaften	große Gesellschaften
Bilanzsumme in DM	bis 3 900 000,–	bis 15 500 000,–	über 15 500 000,–
Umsatz in DM	bis 8 000 000,–	bis 32 000 000,–	über 32 000 000,–
Beschäftigte	bis 50	bis 250	über 250

Tabelle 2: Einteilung von Kapitalgesellschaften

Für die Bilanzen großer und mittelgroßer Kapitalgesellschaften gelten die *Mindestgliederungsvorschriften* in Tabelle 3 (Seite 24/25).

Kleine Kapitalgesellschaften brauchen dagegen nur die mit Buchstaben und römischen Zahlen bezeichneten Posten gesondert und in der vorgeschriebenen Reihenfolge in ihre Bilanz aufzunehmen (verkürzte Bilanz).

Wenngleich diese Mindestgliederungsvorschrift nur für Kapitalgesellschaften gilt, wird sie in der Praxis auch – aus Mangel an eigenen Gliederungsvorschriften – von *Einzelunternehmen und Personengesellschaften* berücksichtigt.

Für die Aufstellung der Bilanz gilt das *Bruttoprinzip*. Das bedeutet, daß Positionen der Aktivseite der Bilanz (zum Beispiel geleistete Anzahlungen) nicht mit entsprechenden Positionen der Passivseite (erhaltene Anzahlungen) verrechnet, d.h. saldiert, werden dürfen.

Einzelne Bilanzpositionen bedürfen noch der Erläuterung:

Immaterielle Güter des Anlagevermögens dürfen nur dann als Aktivposten angesetzt werden, wenn sie entgeltlich erworben wurden (§ 248 Abs. 2 HGB). Originäre, d.h. im eigenen Unternehmen entstandene immaterielle Güter, wie beispielsweise eigene Patente, eigener Firmenwert, dürfen nicht aktiviert werden, obwohl sie einen Wert darstellen.

Aufwendungen für die Gründung eines Unternehmens, die ziemlich hoch sein können, sowie für die Beschaffung des Eigenkapitals dürfen nach § 248 Abs. 1 HGB nicht aktiviert werden.

Das *gezeichnete Kapital* entspricht dem Grundkapital. Es ist das in das Handelsregister eingetragene Haftungskapital (§ 272 Abs. 1 HGB), das der Summe der Nennwerte aller Aktien entspricht. *Etwaige noch ausstehende Einlagen* auf das gezeichnete Kapital werden auf der Aktivseite als Korrekturposten vor dem Anlagevermögen ausgewiesen.

In die *Kapitalrücklage* wird unter anderem das Agio = Aufgeld

Aktiva

A. Anlagevermögen:
  I. Immaterielle Vermögensgegenstände:
     1. Konzessionen, gewerbliche Schutzrechte und ähnliche Rechte und Werte sowie Lizenzen an solchen Rechten und Werten;
     2. Geschäfts- oder Firmenwert;
     3. geleistete Anzahlungen;
  II. Sachanlagen:
     1. Grundstücke, grundstücksgleiche Rechte und Bauten einschließlich der Bauten auf fremden Grundstücken;
     2. technische Anlagen und Maschinen;
     3. andere Anlagen, Betriebs- und Geschäftsausstattung;
     4. geleistete Anzahlungen und Anlagen im Bau;
  III. Finanzanlagen:
     1. Anteile an verbundenen Unternehmen;
     2. Ausleihungen an verbundene Unternehmen;
     3. Beteiligungen;
     4. Ausleihungen an Unternehmen, mit denen ein Beteiligungsverhältnis besteht;
     5. Wertpapiere des Anlagevermögens;
     6. sonstige Ausleihungen.
B. Umlaufvermögen:
  I. Vorräte:
     1. Roh-, Hilfs- und Betriebsstoffe;
     2. unfertige Erzeugnisse, unfertige Leistungen;
     3. fertige Erzeugnisse und Waren;
     4. geleistete Anzahlungen;
  II: Forderungen und sonstige Vermögensgegenstände:
     1. Forderungen aus Lieferungen und Leistungen;
     2. Forderungen gegen verbundene Unternehmen;
     3. Forderungen gegen Unternehmen, mit denen ein Beteiligungsverhältnis besteht;
     4. sonstige Vermögensgegenstände;
  III. Wertpapiere:
     1. Anteile an verbundenen Unternehmen;
     2. eigene Anteile;
     3. sonstige Wertpapiere;
  IV. Schecks, Kassenbestand, Bundesbank- und Postgiroguthaben, Guthaben bei Kreditinstituten.
C. Rechnungsabgrenzungsposten.

Tabelle 3: Gliederung der Jahresbilanz nach § 226 HGB

Passiva

A. Eigenkapital:
   I. Gezeichnetes Kapital;
   II. Kapitalrücklage;
   III. Gewinnrücklagen:
      1. gesetzliche Rücklage;
      2. Rücklage für eigene Anteile;
      3. satzungsmäßige Rücklagen;
      4. andere Gewinnrücklagen;
   IV. Gewinnvortrag/Verlustvortrag;
   V. Jahresüberschuß/Jahresfehlbetrag.
B. Rückstellungen:
   1. Rückstellungen für Pensionen und ähnliche Verpflichtungen;
   2. Steuerrückstellungen;
   3. sonstige Rückstellungen.
C. Verbindlichkeiten:
   1. Anleihen,
      davon konvertibel;
   2. Verbindlichkeiten gegenüber Kreditinstituten;
   3. erhaltene Anzahlungen auf Bestellungen;
   4. Verbindlichkeiten aus Lieferungen und Leistungen;
   5. Verbindlichkeiten aus der Annahme gezogener Wechsel und der Ausstellung eigener Wechsel;
   6. Verbindlichkeiten gegenüber verbundenen Unternehmen;
   7. Verbindlichkeiten gegenüber Unternehmen, mit denen ein Beteiligungsverhältnis besteht;
   8. sonstige Verbindlichkeiten,
      davon aus Steuern,
      davon im Rahmen der sozialen Sicherheit.
D. Rechnungsabgrenzungsposten.

(Differenz zwischen Nennwert und höherem Ausgabewert) bei der Ausgabe von Aktien eingestellt.

In die *gesetzliche Rücklage*, die der Verlustabdeckung dient, müssen so lange 5 % des Jahresüberschusses abzüglich eines möglichen Verlustvortrages eingestellt werden, bis diese Rücklage zusammen mit der Kapitalrücklage 10 % des Grundkapitals oder den in der Satzung bestimmten höheren Anteil erreicht.

Darüber hinaus können *Rücklagen für eigene Anteile*, Rücklagen *aufgrund der Satzung* sowie andere, sogenannte *freie Rücklagen* gebildet werden.

In der Bilanz wird der gesamte, noch nicht verteilte *Jahresüberschuß* bzw. der *Jahresfehlbetrag* ausgewiesen.

Außerdem wird noch der *Gewinnvortrag* als nicht verteilter Restgewinn der Vorperiode bzw. der Verlustvortrag der Vorperiode in der Bilanz der laufenden Periode ausgewiesen.

Während Rücklagen, außer der Kapitalrücklage, einbehaltene, bereits versteuerte Gewinne darstellen, werden *Rückstellungen* für *Aufwendungen* gebildet, die zwar ihrer Art nach feststehen, nicht jedoch in ihrer Höhe, noch nach dem Zeitpunkt ihres Anfalles. Rückstellungen sind ihrem Charakter nach Verbindlichkeiten.

Außer für die explizit in § 266 HGB unter B.1. und B.2. genannten Zwecke (für Pensionen und Steuern) können unter der Position „B.3. sonstige Rückstellungen" folgende Rückstellungen gebildet werden:

– für *ungewisse Verbindlichkeiten* aus gesetzlichen und vertraglichen Garantieverpflichtungen;

– für *drohende Verluste aus schwebenden Geschäften*, zum Beispiel für schwebende Prozesse oder für erwartete Verluste aus

abgeschlossenen, aber noch nicht erfüllten Kaufverträgen wegen Preisrückganges;
- für unaufschiebbare, aber *unterlassene Reparaturen* (zum Beispiel wegen Frosts), die dann innerhalb von drei Monaten nach dem Bilanzstichtag durchgeführt werden müssen;
- für *Kulanzgewährleistungen* ohne gesetzliche oder vertragliche Verpflichtung.

Die Posten der *Rechnungsabgrenzung* schließlich dienen der periodengerechten Erfolgsermittlung.

- Die *aktive Rechnungsabgrenzung* stellt eine Forderung auf Leistung dar. Hier wurden vom bilanzierenden Unternehmen in der laufenden Periode Zahlungen geleistet, die ganz oder teilweise erst in der künftigen Periode Aufwand sind. Der Teil der Zahlung, der wirtschaftlich der künftigen Periode zuzurechnen ist, ist aktivisch abzugrenzen (Vgl. Beispiel 3 im Anhang).
- Die *passive Rechnungsabgrenzung* stellt eine Verbindlichkeit dar, eine Leistung zu erbringen. Hier wurden an das bilanzierende Unternehmen in der laufenden Periode Zahlungen geleistet, die erst in der künftigen Periode ganz oder teilweise Erträge sind. Der Teil der Zahlung, der wirtschaftlich der künftigen Periode zuzurechnen ist, ist passivisch abzugrenzen (Vgl. Beispiel 4 im Anhang).

Kleine und mittelgroße Kapitalgesellschaften müssen ihre Bilanz nur im Handelsregister, große Kapitalgesellschaften darüber hinaus im Bundesanzeiger veröffentlichen.

Die Bilanzen mittelgroßer und großer Kapitalgesellschaften bedürfen der Prüfung durch eine Wirtschaftsprüfungsgesellschaft.

Die Bilanz ist vom Kaufmann, in Personengesellschaften von allen persönlich haftenden Gesellschaftern, in der Aktiengesellschaft von den Mitgliedern des Vorstandes und in der GmbH von den Geschäftsführern zu unterzeichnen.

Die Bilanz ist zehn Jahre lang aufzubewahren.

2.5.3 Gewinn- und Verlustrechnung

Zusätzlich zur Bilanz hat der Kaufmann in Staffelform „für den Schluß eines jeden Geschäftsjahres eine Gegenüberstellung der Aufwendungen und Erträge des Geschäftsjahres (Gewinn- und Verlustrechnung) aufzustellen" (§ 242 Abs. 2 HGB).

Beide Rechnungen – die Bilanz als Bestandsrechnung und die Gewinn- und Verlustrechnung als Bewegungsrechnung – ergänzen einander. Kann das Unternehmensergebnis mit Hilfe der Bilanz ermittelt werden, indem vom Vermögen die Schulden einschließlich der Rückstellungen, das Grundkapital und die Rücklagen (Eigenkapital) abgezogen werden, so vermag nur die Gewinn- und Verlustrechnung Aufschluß darüber zu geben, wie das Ergebnis im einzelnen zustande gekommen ist, nämlich welche Erträge und Aufwendungen maßgebend waren.

Ist das Unternehmensergebnis positiv, so wird von Unternehmensgewinn gesprochen; das negative Unternehmensergebnis heißt Unternehmensverlust.

Das Unternehmensergebnis selbst beinhaltet zwei Teilergebnisse:

- das sogenannte Betriebsergebnis als Differenz zwischen solchen regelmäßigen Erträgen und Aufwendungen, die aus dem eigentlichen Betriebszweck eines Industriebetriebes (Beschaffung, Produktion und Absatz von Gütern und Dienstleistungen) resultieren und die Leistungen und Kosten genannt werden,

– das sogenannte Neutrale Ergebnis als Differenz zwischen solchen Erträgen und Aufwendungen, die nicht zu den Leistungen bzw. Kosten gehören und die neutrale Erträge und neutrale Aufwendungen genannt werden (vgl. hierzu näher die Abschnitte 3.1.1 und 3.1.2).

Bildet der Industriekontenrahmen die Basis für die Finanzbuchhaltung, so wird keine explizite buchhalterische Trennung in neutrale Aufwendungen und Erträge bzw. Kosten und Leistungen vorgenommen. Daher ist aus der Gewinn- und Verlustrechnung nur das Gesamtergebnis ersichtlich. Die Teilergebnisse müssen später (zum Beispiel tabellarisch mit Hilfe der Ergebnistabelle) herausgefiltert werden.

■ **Aufwendungen und Erträge**

In der betriebswirtschaftlichen Literatur wird der Begriff Aufwand häufig als *Verbrauch aller Werte im Unternehmen innerhalb einer Abrechnungsperiode* definiert.

Im Hinblick auf das handelsrechtliche Gliederungsschema der Gewinn- und Verlustrechnung nach § 275 HGB (siehe unten) kann man den Begriff „Aufwand" wie folgt präzisieren:

Aufwand: a) Ausgaben... für in der laufenden Periode in Anspruch genommene Arbeits- und Dienstleistungen sowie für in der laufenden Periode verbrauchte Sachgüter;

b) planmäßige Abschreibungen fremdbezogener und selbsterstellter Sachanlagen, derivativer immaterieller Anlagen und aktivierter Kosten der Ingangsetzung des Geschäftsbetriebs;

c) außerplanmäßige Abschreibungen oder Wertberichtigungen von Gegenständen des Anlage- und

Umlaufvermögens sowie negative Wertdifferenzen bei Verkauf von Vermögensgegenständen;

d) Einstellungen in Sonderposten mit Rücklageanteil;

e) Ausgaben zur Abdeckung des Verlusts anderer Unternehmen;

f) Ausgaben für Nicht-Gewinnsteuern.

Analog kann der Ertrag als der *gesamte Wertzuwachs des Unternehmens innerhalb einer Abrechnungsperiode* definiert werden.

Er wird folgendermaßen untergliedert:

Ertrag:
a) Einnahmen... aufgrund des (Bar- oder Kredit-) Verkaufs von in der laufenden Periode hergestellten Erzeugnissen sowie erbrachten Dienstleistungen;

b) Zugänge zum Bestand an fertigen und unfertigen Erzeugnissen, an noch nicht abgerechneten Dienstleistungen und an selbsterstellten Sachanlagen;

c) Einnahmen aufgrund des (Bar- oder Kredit-) Verkaufs von Vermögensgegenständen zu einem höheren Wert als dem Buchwert sowie Zuschreibungen zu Vermögensgegenständen;

d) aktivierte Kosten der Ingangsetzung des Geschäftsbetriebs;

e) Auflösung von Pauschalwertberichtigungen zu Forderungen, von Rückstellungen und von Sonderposten mit Rücklageanteil;

f) Einnahmen aufgrund von Kapitalbeteiligungen an anderen sowie aufgrund von Gewinnverträgen mit anderen Unternehmen.

- **Mindestgliederung**

Welche Aufwendungen und Erträge einer Kapitalgesellschaft in der Gewinn- und Verlustrechnung mindestens aufzuführen sind, zeigt das Mindestgliederungsschema nach § 275 Abs. 2 HGB:

Bei Anwendung des Gesamtkostenverfahrens sind auszuweisen:

1. Umsatzerlöse
2. Erhöhung oder Verminderung des Bestands an fertigen und unfertigen Erzeugnissen
3. Andere aktivierte Eigenleistungen
4. Sonstige betriebliche Erträge
5. Materialaufwand:
    a) Aufwendungen für Roh-, Hilfs- und Betriebsstoffe und für bezogene Waren
    b) Aufwendungen für bezogene Leistungen
6. Personalaufwand:
    a) Löhne und Gehälter
    b) soziale Abgaben und Aufwendungen für Altersversorgung und für Unterstützung, davon für Altersversorgung
7. Abschreibungen:
    a) auf immaterielle Vermögensgegenstände des Anlagevermögens und Sachanlagen sowie auf aktivierte Aufwendungen für die Ingangsetzung und Erweiterung des Geschäftsbetriebs
    b) auf Vermögensgegenstände des Umlaufvermögens, soweit diese die in der Kapitalgesellschaft üblichen Abschreibungen überschreiten
8. Sonstige betriebliche Aufwendungen

9. Erträge aus Beteiligungen,
davon aus verbundenen Unternehmen

10. Erträge aus anderen Wertpapieren und Ausleihungen des Finanzanlagevermögens,
davon aus verbundenen Unternehmen

11. Sonstige Zinsen und ähnliche Erträge, davon aus verbundenen Unternehmen

12. Abschreibungen auf Finanzanlagen und auf Wertpapiere des Umlaufvermögens

13. Zinsen und ähnliche Aufwendungen, davon an verbundene Unternehmen

14. Ergebnis der gewöhnlichen Geschäftstätigkeit

15. Außerordentliche Erträge

16. Außerordentliche Aufwendungen

17. Außerordentliches Ergebnis

18. Steuern vom Einkommen und vom Ertrag

19. Sonstige Steuern

20. Jahresüberschuß/Jahresfehlbetrag.

Auch für die Gewinn- und Verlustrechnung gilt das *Bruttoprinzip*, wonach Aufwendungen (z. B. Zinsaufwendungen) nicht mit entsprechenden Erträgen (Zinserträgen) verrechnet werden dürfen. Nur mittelgroße und große Kapitalgesellschaften müssen ihre Gewinn- und Verlustrechnung offenlegen. Für die *Unterzeichnung* und die *Aufbewahrung* gelten dieselben Regelungen wie für die Bilanz.

2.5.4 Anhang

Zusätzlich zur Bilanz und zur Gewinn- und Verlustrechnung hat jede Kapitalgesellschaft gemäß § 284 HGB einen *Anhang* zu erstellen, der die Bilanz erläutert. In ihm müssen angegeben werden:

- die auf die Posten der Bilanz und der Gewinn- und Verlustrechnung angewandten Bilanzierungs- und Bewertungsmethoden,
- die Umrechnungskurse für Posten, die auf eine fremde Währung lauten,
- die Abweichungen von bisherigen Bilanzierungs- und Bewertungsmethoden und
- die Einbeziehung von Fremdkapitalzinsen in die Herstellungskosten.

Zusätzlich sind die in § 285 HGB genannten Pflichtangaben zu machen.

Mittelgroße und große Kapitalgesellschaften müssen darüber hinaus gemäß § 289 HGB einen *Lagebericht* anfertigen, in dem zumindest der *Geschäftsverlauf* der abgelaufenen Rechnungsperiode und die *Lage der Gesellschaft* dargestellt werden. Auch soll der Lagebericht auf solche Vorgänge von besonderer Bedeutung eingehen, die nach dem Schluß des Geschäftsjahres eingetreten sind. Denn zu dem Zeitpunkt, zu dem der Hauptversammlung die Bilanz und die Gewinn- und Verlustrechnung vorgelegt werden – dies geschieht in der Regel innerhalb von drei Monaten nach dem Bilanzstichtag –, haben die Zahlen bereits nur noch historischen Wert.

Außerdem soll der Bericht die *voraussichtliche Entwicklung* der Gesellschaft im Hinblick zum Beispiel auf Investitionen, Umsatzerwartungen, Konkurrenz, Erschließung neuer Märkte, Personalentwicklung, Produktionsprogramm usw. aufzeigen.

Ausdrücklich wird zudem im HGB der Bereich „Forschung und Entwicklung" genannt, der auch Gegenstand des Lageberichtes sein soll.

Sofern nicht Teil des Lageberichtes, fertigen die Gesellschaften häufig auch noch einen Sozialbericht an, aus dem beispielsweise Zahl und Struktur der Mitarbeiter, Höhe der vermögenswirksamen Leistungen, gegebenenfalls Höhe einer Gewinnbeteiligung sowie die Entwicklung sozialer Einrichtungen hervorgehen.

2.6 Ordentliche Bilanzen und Sonderbilanzen

Die in Abschnitt 2.5.2 behandelte Bilanz, die *regelmäßig* zum Ende eines jeden Geschäftsjahres aufgestellt werden muß, wird als ordentliche Bilanz bezeichnet. Sie dient der Erfolgsermittlung bzw. der Vermögensfeststellung.

Je nach den zugrunde gelegten gesetzlichen Vorschriften handelt es sich entweder um die Handelsbilanz (nach HGB, AktG, GmbHG) oder um die Steuerbilanz (zum Beispiel nach EStG, EStR, KStG, AO).

Die Handelsbilanz richtet sich an die Adresse der Gläubiger, der Eigentümer (zum Beispiel Aktionäre) und der potentiellen Anleger. Daher muß durch die Ausgestaltung der Bewertungsvorschriften einerseits verhindert werden, daß die Lage des Unternehmens günstiger dargestellt wird als sie tatsächlich ist. Im Vordergrund steht hier der Gläubigerschutzgedanke. Andererseits darf die Unternehmenslage auch nicht ungünstiger dargestellt werden als sie ist, beispielsweise im Interesse der Aktionäre wegen ihres Anspruchs auf Dividende.

Zweck der Steuerbilanz dagegen ist, den „richtigen" Periodengewinn für die Besteuerung auszuweisen. Gewinnverlagerungen in spätere Perioden, etwa durch zu hohe Abschreibungen in der gegenwärtigen Periode, müssen verhindert werden. Entsprechend sind die steuerrechtlichen Bilanzierungs- und Bewertungsvorschriften gestaltet. Die Spielräume nach Steuerrecht sind daher enger als die handelsrechtlichen.

Besondere Arten (ordentlicher) Jahresbilanzen sind

- General- oder Gemeinschaftsbilanz:
  Sie ist eine Zusammenfassung von Bilanzen mehrerer rechtlich und wirtschaftlich selbständiger Unternehmen, zum Beispiel bei einer Interessengemeinschaft. Gleiche Bilanzpositionen werden lediglich addiert;

- Konsolidierte Bilanz:
  Sie ist eine Zusammenfassung von Bilanzen mehrerer rechtlich selbständiger, aber wirtschaftlich nicht selbständiger Unternehmen (Konzernbilanz nach §§ 290 ff HGB). Die Bilanzpositionen werden nicht einfach addiert, sondern hier werden bestimmte Positionen wie Beteiligungen, Konzernforderungen und Konzernverbindlichkeiten gegeneinander aufgerechnet.

Neben den ordentlichen Bilanzen gibt es solche Bilanzen, die zu besonderen Anlässen im Leben des Unternehmens aufgestellt werden und als Sonderbilanzen bezeichnet werden.

Entsprechend ihrer jeweiligen besonderen Zwecksetzung unterscheiden sich diese Bilanzen hinsichtlich ihres Aufbaus und insbesondere der anzuwendenden Bilanzierungs- und Bewertungsgrundsätze.

Die Sonderbilanzen lassen sich, je nachdem, zu welchem Zeitpunkt sie im Leben des Unternehmens aufgestellt werden, wie folgt gliedern:

- Die bei der Gründung von Unternehmen aufzustellende Bilanz:
    - die Gründungs- oder Eröffnungsbilanz.

- Die von Unternehmen zwischenzeitlich zu besonderen Anlässen aufzustellenden Bilanzen:
    - die Umwandlungsbilanz,
    - die Auseinandersetzungsbilanz,
    - die Überschuldungsbilanz,
    - die Vergleichsbilanz.

- Die bei der Auflösung von Unternehmen aufzustellenden Bilanzen:
    - die Liquidationsbilanz,
    - die Konkursbilanz,
    - die Fusionsbilanz.

3 Kosten- und Leistungsrechnung

Während die Geschäftsbuchführung unternehmensbezogen ist, indem sie alle Geschäftsfälle erfaßt und den Gesamterfolg des Unternehmens als Differenz aller Erträge und Aufwendungen ausweist, ist die Kosten- und Leistungsrechnung (KLR) betriebsbezogen. Sie erfaßt nur die zweckorientierten Tätigkeiten des (Industrie-) Betriebes oder besser: den damit verbundenen betriebsbezogenen Werteverzehr (Kosten) und das aus der eigentlichen betrieblichen Tätigkeit resultierende Ergebnis (Leistungen oder Erlöse). Die Gegenüberstellung von Leistungen und Kosten liefert das *Betriebsergebnis*.

Die KLR kann auf Konten durchgeführt werden. Hierfür steht dann im Industriekontenrahmen die Kontenklasse Neun zur Verfügung.

Aus Gründen der Übersichtlichkeit wird die KLR jedoch in der Praxis häufig außerhalb des Kontenrahmens *in tabellarischer Form* durchgeführt.

Die KLR ist auf die folgenden betrieblichen Ziele ausgerichtet:

- Ermittlung des Jahres-Betriebsergebnisses,

- Ermittlung des kurzfristigen betrieblichen Erfolges, zum Beispiel des monatlichen Betriebsergebnisses,

- Kontrolle der Kosten und der Wirtschaftlichkeit (Verhältnis von Leistungen und Kosten),

- Ermittlung der Selbstkosten je Erzeugniseinheit als Basis für die Preiskalkulation,

- Ermittlung der Herstellungskosten als Grundlage für die Bewertung der unfertigen und fertigen Erzeugnisse und der aktivierten Eigenleistungen für die Jahresbilanz,

- Ermittlung der Kosten als Voraussetzung für Planungen und Entscheidungen. Sofern diese Entscheidungen marktorientiert sind (beispielsweise Annahme eines Zusatzauftrages, Bereinigung des Produktionsprogrammes), tritt an die Stelle der Vollkostenrechnung die Teilkostenrechnung.

Die KLR wird üblicherweise in folgende Teilbereiche gegliedert:

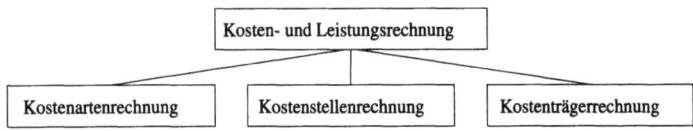

Abbildung 2: Teilbereiche der Kosten- und Leistungsrechnung

3.1 Kosten- und Leistungsrechnung

3.1.1 Der Begriff „Kosten" und seine Abgrenzung

Unter *Aufwendungen* versteht man den *gesamten Werteverzehr* in einer Unternehmung in einer Abrechnungsperiode.

Kosten dagegen sind der bewertete *Güter- und Leistungsverzehr zum Zwecke der betrieblichen Leistungserstellung* in einer Abrechnungsperiode

oder

Kosten sind regelmäßige, betriebsbezogene, periodenbezogene Aufwendungen.

Kosten umfassen also nur den Teil der Aufwendungen, der aus der Verfolgung des eigentlichen Betriebszweckes resultiert.

Die schematische Darstellung in Tabelle 4 zeigt – verdeutlicht durch Beispiele – das Verhältnis der Begriffe „Aufwendungen" und „Kosten" zueinander, wobei die Beispiele von einem Industriebetrieb ausgehen.

Die Kosten werden aus den Aufwendungen entwickelt, so wie es der Vorgehensweise eines Betriebes entspricht; denn Ausgangspunkt der Kostenrechnung sind die Zahlen der Geschäftsbuchhaltung.

Aus den dort verzeichneten Aufwendungen sind zunächst solche Aufwendungen herauszufiltern, die nichts mit dem eigentlichen Betriebszweck zu tun haben und daher als *betriebsfremd* bezeichnet werden.

In einem zweiten Schritt sind solche Aufwendungen auszugliedern, die zwar betriebsbezogen sind, aber in *außerordentlicher* Höhe anfallen und damit mehr oder weniger Einmaligkeitscharakter haben, so daß sie für die Kosten- und Leistungsrechnung nicht geeignet sind.

Schließlich sind solche Aufwendungen abzugrenzen, die zwar Kostencharakter haben, die aber für Zwecke der Kosten- und Leistungsrechnung anders bewertet werden als für Zwecke der Bilanz.

So können zum Beispiel aus steuerlichen Gründen die Abschreibungen auf Anlagen höher angesetzt werden (degressiv das Dreifache der linearen Abschreibung, maximal 30 Prozent), als es dem tatsächlichen Werteverzehr entspricht. Der Teil der steuerlichen oder bilanziellen Abschreibungen einer Rechnungsperiode, der

Aufwendungen			Kosten			Beispiele
Neutrale Aufwendungen	Aufwendungen, nicht Kosten	betriebsfremde Aufwendungen				Abschreibungen auf Finanzanlagen oder auf vermietete Geschäftsbauten, Instandhaltung von Werkswohnungen
		betriebsbezogene, außerordentliche Aufwendungen				Verkauf einer Drehbank unter Buchwert
	Aufwendungen ungleich Kosten	betriebsbezogene, periodenfremde Aufwendungen				Bilanzielle Abschreibungen auf Anlagen, Gewerbesteuernachzahlung
Aufwendungen gleich Kosten		betriebsbezogene, periodenbezogene Aufwendungen =	Grundkosten	Kosten gleich Aufwendungen		Roh-, Hilfs- und Betriebsstoffverbrauch, Fertigungslöhne, Gehälter
			Anderskosten oder bewertungsverschiedene Kosten	Kosten ungleich Aufwendungen	Kalkulatorische Kosten	Kalkulatorische Abschreibungen auf Anlagen, kalkulatorische Wagnisse
			Wesensmäßige Zusatzkosten	Kosten, nicht Aufwendungen		Kalkulatorischer Unternehmerlohn, kalkulatorische Zinsen
						Kalkulatorische Miete

Tabelle 4: Abgrenzung von Aufwendungen und Kosten

über den der tatsächlichen Abnutzung hinausgeht, ist Aufwand kommender Rechnungsperioden, mithin im Sinne der KLR *periodenfremd*. Daher können die bilanziellen Abschreibungen nicht in die KLR einbezogen werden.

Für Zwecke der KLR werden daher sogenannte kalkulatorische Abschreibungen angesetzt (zu den kalkulatorischen Kosten vgl. Abschnitt 3.2.2).

Die so ausgegrenzten Aufwendungen werden als neutrale Aufwendungen bezeichnet.

Übrig bleiben die Aufwendungen im Sinne des oben definierten Kostenbegriffes, die als *Grundkosten* bezeichnet werden. Insofern ist der Kostenbegriff also enger gefaßt als der Begriff der Aufwendungen.

Den Grundkosten und den bewertungsverschiedenen Kosten oder Anderskosten sind schließlich solche Kosten hinzuzufügen, denen keine Aufwendungen entsprechen und die als *wesensmäßige Zusatzkosten* bezeichnet werden. Hierbei handelt es sich um die kalkulatorischen Zinsen auf das Eigenkapital sowie um den kalkulatorischen Unternehmerlohn.

Die bewertungsverschiedenen Kosten oder Anderskosten und die wesensmäßigen Zusatzkosten werden zur Gruppe der *kalkulatorischen Kosten* zusammengefaßt.

Die Einbeziehung der kalkulatorischen Kosten hat zur Folge, daß nun der Kostenbegriff weiter gefaßt ist als der Begriff der Aufwendungen.

3.1.2 Der Begriff „Leistung" und seine Abgrenzung

Erträge wurden definiert als der gesamte Wertzuwachs eines Unternehmens in einer Abrechnungsperiode.

Leistungen, auch Erlöse genannt, sind die betriebsbezogenen Wertzuflüsse in einem Betrieb in einer Abrechnungsperiode.

oder

Leistungen sind regelmäßige, betriebsbezogene, periodenbezogene Erträge.

Das Verhältnis der Begriffe Erträge und Leistungen (Erlöse) zueinander wird verdeutlicht anhand der schematischen Darstellung auf Seite 43, wobei ein Industriebetrieb zugrunde gelegt wird.

Analog zu dem Vorgehen bei den Kosten und den Aufwendungen werden hier die Leistungen (Erlöse) aus den Erträgen abgeleitet.

Dabei sind aus der Summe der Erträge zunächst die *neutralen Erträge*, die betriebsfremd oder betriebsbezogen und außerordentlich oder betriebsbezogen und periodenfremd sein können, auszugrenzen; übrig bleiben dann die *Grundleistungen* oder Grunderlöse. Insofern ist der Begriff „Leistungen" zunächst enger gefaßt als der Begriff „Erträge".

Weiter gefaßt als der Begriff der Erträge ist der Begriff der Leistungen dagegen dadurch, daß den Grundleistungen oder Grunderlösen noch die Anderserlöse und die Zusatzerlöse hinzuzufügen sind.

		Erträge	Leistungen (Erlöse)		Beispiele
Neutrale Erträge	Erträge, nicht Leistungen	betriebsfremde Erträge			Mieterträge, Zinserträge, Erträge aus dem Verkauf von Handelswaren, Erträge aus Beteiligungen
		betriebsbezogene, außerordentliche Erträge			Verkauf einer Maschine über Buchwert
	Erträge ungleich Leistungen	betriebsbezogene, periodenfremde Erträge			Rückzahlung einer ausgebuchten Forderung, Erträge aus der Herabsetzung der Pauschalwertberichtigung, Erträge aus der Auflösung von Rückstellungen
Erträge gleich Leistungen		betriebsbezogene, periodenbezogene Erträge	Grundleistungen (Grunderlöse) =	Leistungen gleich Erträge	Umsatzerlöse aus dem Verkauf von Fertigerzeugnissen, Mehrbestände an unfertigen und fertigen Erzeugnissen, aktivierte Eigenleistungen
			Anderserlöse oder bewertungsverschiedene Erlöse (Leistungen)	Leistungen ungleich Erträge	Erhöhung des nach Handels- und Steuerrecht ermittelten Wertes der unfertigen und fertigen Erzeugnisse, wenn sie in der Bilanz sehr niedrig angesetzt sind
			Zusatzerlöse (-leistungen)	Leistungen, nicht Erträge	originärer Firmenwert, originäre Patente

Tabelle 5: Abgrenzung von Erträgen und Leistungen

3.2 Kostenartenrechnung

Die Kostenartenrechnung fragt danach, *welche Kosten in welcher Höhe* in der Abrechnungsperiode (zum Beispiel Monat, Quartal, Jahr) entstanden sind.

Auskunft hierüber geben zum einen die Zahlen der Geschäftsbuchhaltung (Grundkosten). Zum Teil sind diese Zahlen für Zwecke der Kosten- und Leistungsrechnung abzuändern (Anderskosten), zum Teil durch zusätzliche Berechnungen in der Kosten- und Leistungsrechnung zu ergänzen (wesensmäßige Zusatzkosten).

Bei der Kostenartenrechnung werden keine Rechnungen im eigentlichen Sinne vorgenommen, insofern ist der Begriff „Rechnung" irreführend. Vielmehr geht es um die *systematische Erfassung und Gliederung der Kosten*.

3.2.1 Einteilung der Kosten

Je nach dem verfolgten Zweck werden die Kosten eines Betriebes nach verschiedenen Gesichtspunkten geordnet bzw. eingeteilt:

- Die produktionsfaktorbezogene Einteilung
  (Einteilung nach Kostengüterarten)

  - *Werkstoffkosten*
    Dazu gehören der Verbrauch von Roh-, Hilfs- und Betriebsstoffen sowie der Verbrauch bezogener Fertigteile. Rohstoffe machen den Hauptbestandteil, Hilfsstoffe den Nebenbestandteil eines Produktes aus; beide gehen direkt in das Produkt ein. Betriebsstoffe dagegen gehen nicht direkt, sondern nur kostenmäßig ein.

- *Personalkosten*
 Sie umfassen im wesentlichen die Fertigungslöhne, die Hilfslöhne und Gehälter sowie die Personalnebenkosten wie zum Beispiel Arbeitgeberanteil an der Sozialversicherung, Unfallversicherung, Weihnachts- und Urlaubsgeld, Lohnfortzahlung im Krankheitsfall, vermögenswirksame Leistungen.

- *Betriebsmittelkosten*
 Hierzu zählen die (kalkulatorischen) Abschreibungen, die (kalkulatorischen) Zinsen auf das in den Betriebsmitteln gebundene Kapital und die Instandhaltungskosten. Letztere sind nicht „reine" Kosten; vielmehr setzen sie sich aus mehreren Kostengüterarten zusammen, nämlich im wesentlichen aus Personalkosten und Werkstoffkosten, sofern die Instandhaltung mit eigenen Arbeitnehmern vorgenommen wird.

- *Finanzierungskosten*
 Zu nennen sind Zinskosten, Disagio, Provisionen.

- *Fremdleistungskosten*
 Hierunter sind Aufwendungen für Wasser, Energie, Telefon usw. aufzuführen.

- *Abgaben mit Kostencharakter*
 Hierbei handelt es sich beispielsweise um die Gewerbesteuer, die Kfz-Steuer, Wechselsteuer, Beiträge an die Industrie- und Handelskammer.

Die produktionsfaktorbezogene Einteilung entspricht der Kostenerfassung in der Praxis.

■ Die funktionsbezogene Einteilung
 (Einteilung nach Unternehmensbereichen)

Danach lassen sich die Kosten einteilen in Beschaffungskosten, Produktions- oder Fertigungskosten, Absatz- oder Vertriebskosten, Verwaltungskosten und Lagerkosten. Jede dieser Kostenkategorien beinhaltet dann im einzelnen die oben genannten konkreten Kostengüterarten.

- Die bezugsgrundlagenbezogene Einteilung

  - *Gesamtkosten*
  Sie umfassen alle Kosten einer Abrechnungsperiode und sind somit zeitraumbezogen.

  - *Stückkosten*
  Hierbei handelt es sich um die Kosten pro Mengeneinheit, zum Beispiel pro Stück, pro kg, pro Tonne, pro Meter. Diese Kosten sind stückbezogen.

  - *Grenzkosten*
  Das sind Kosten für eine zusätzliche, infinitesimale (das heißt, unendlich kleine) Mengeneinheit.

- Die beschäftigungsbezogene Einteilung
  (Einteilung nach der Reaktion auf Produktionsmengenänderungen)

  - *Variable Kosten*
  Diese Kosten sind abhängig von der Produktionsmenge, ändern sich also mit der Höhe der Beschäftigung, wobei die Änderung proportional, unterproportional oder überproportional verlaufen kann. Als typische Beispiele für derartige Kosten werden die Rohstoffkosten und die Fertigungslöhne angesehen.

  - *Fixe Kosten*
  Diese Kosten sind nicht abhängig von der Produktionsmenge, ändern sich also nicht mit der Höhe der Beschäftigung. Sie werden auch als Kosten der Betriebsbereitschaft bezeichnet. Zu den Fixkosten zählen zum Beispiel Abschreibungen, Miete, Gehälter.

– *Mischkosten*
Sie haben die Eigenschaft, aus einem fixen und einem variablen Anteil zu bestehen. Für bestimmte Zwecke, zum Beispiel für die Teilkostenrechnung, müssen derartige Kosten mit Hilfe sogenannter Kostenauflösungsverfahren in ihre fixen und variablen Bestandteile zerlegt werden. Als Beispiele gelten die Telefongebühren, die Stromkosten.

■ Die verrechnungsbezogene Einteilung
(Einteilung nach der Zurechenbarkeit auf die Kostenträger)

– *Einzelkosten*
Derartige Kosten sind dem Kostenträger (Produkteinheit oder Auftrag) verursachungsgerecht oder direkt zurechenbar. Zu den Einzelkosten gehören:

die Materialeinzelkosten, zum Beispiel die Rohstoffkosten,

die Fertigungseinzelkosten, zum Beispiel die Fertigungslöhne,

die Sondereinzelkosten der Fertigung, zum Beispiel Modellkosten, Kosten für ein Spezialwerkzeug für einen bestimmten Auftrag,

Sondereinzelkosten des Vertriebs, zum Beispiel Abschlußprovision, Spezialverpackung, Transportversicherung.

– *Gemeinkosten*
Gemeinkosten sind dem Kostenträger nicht verursachungsgerecht, das heißt nicht direkt, zurechenbar. Die Zurechnung erfolgt hier mit Hilfe von Verteilungsschlüsseln oder besser mit Hilfe der sogenannten Gemeinkostenzuschlagssätze, die aus der Kostenstellenrechnung (Betriebsabrechnungsbogen – BAB) gewonnen werden.

Die Gemeinkosten werden üblicherweise eingeteilt in:

Materialgemeinkosten, zum Beispiel Hilfsstoffkosten, Kosten der Lagerhaltung wie Löhne für die Lagerarbeiter, Abschreibungen auf die Lagereinrichtung, Gehälter der Einkäufer,

Fertigungsgemeinkosten, zum Beispiel Hilfslöhne für Werkstattschreiber, unter Umständen Abschreibungen auf Maschinen – sofern verschiedene Produkte auf einer Anlage gefertigt werden,

Verwaltungsgemeinkosten, zum Beispiel Gehälter der Angestellten, Abschreibungen auf die Betriebs- und Geschäftsausstattung,

Vertriebsgemeinkosten, zum Beispiel Ausgaben für eine Werbekampagne.

■ Die herkunftsbezogene Einteilung
(Einteilung nach der Identität von Ort und Verursachung der Entstehung)

– *Primäre Kosten*
sind Kosten, die in einer Kostenstelle entstanden sind.

– *Sekundäre Kosten*
sind solche Kosten, die zwar in einer bestimmten Kostenstelle entstehen, aber anderen Kostenstellen zugerechnet werden müssen, da sie von diesen anderen Kostenstellen verursacht werden. So nehmen zum Beispiel alle anderen Kostenstellen die Leistung der Telefonzentrale in Anspruch, so daß die Kosten der Telefonzentrale auf die anderen Kostenstellen verteilt werden. Weitere Beispiele sind die Kosten des Fuhrparks und die Kosten der Energiezentrale.

■ Die erfassungsbezogene Einteilung

Hierunter ist die Einteilung in Grundkosten und kalkulatorische Kosten zu verstehen (vgl. Abschnitt 3.1.1).

3.2.2 Kalkulatorische Kosten

Die kalkulatorischen Kosten können gegliedert werden in

- die bewertungsverschiedenen oder Anderskosten, nämlich

    a) die kalkulatorischen Abschreibungen und
    b) die kalkulatorischen Wagnisse;

- die wesensmäßigen Zusatzkosten, nämlich

    a) den kalkulatorischen Unternehmerlohn und
    b) die kalkulatorischen Zinsen;

- die kalkulatorische Miete.

Die kalkulatorischen Abschreibungen
Für die Zwecke der Kosten- und Leistungsrechnung sind die Abschreibungen anders zu bewerten als für die Bilanz.

Die bilanziellen Abschreibungen werden beispielsweise unter steuerlichen Gesichtspunkten vorgenommen, wobei der tatsächliche Werteverzehr in den Hintergrund tritt.

Die Betonung der Steuerersparnis kommt darin zum Ausdruck, daß bilanziell häufig degressiv abgeschrieben wird, Steuervorteile also zu Beginn der Nutzungsdauer ausgeschöpft werden sollen. Zudem wird der steuerliche Aspekt noch dadurch hervorgehoben, daß degressiv das Dreifache der linearen Abschreibung, maximal 30 Prozent, abgeschrieben werden darf.

Bilanziell werden alle Güter des abnutzbaren Anlagevermögens, also auch solche, die nicht dem eigentlichen Geschäftszweck dienen, von den Anschaffungs- oder Herstellungskosten abgeschrieben. Der Gesetzgeber verfolgt also – im Falle steigender Wiederbeschaffungspreise – lediglich das Prinzip der nominellen Kapitalerhaltung.

Für Zwecke der Kosten- und Leistungsrechnung nun wird in der Regel linear abgeschrieben, um gleichmäßig hohe Kosten im Zeitablauf zu haben. Darüber hinaus wird nur das betriebsnotwendige abnutzbare Anlagevermögen abgeschrieben.

Die Kosten- und Leistungsrechnung verfolgt das Prinzip der realen Kapitalerhaltung oder Substanzerhaltung, da vom Wiederbeschaffungswert abgeschrieben wird.

Die kalkulatorischen Abschreibungen beeinflussen nur das Betriebsergebnis; bezogen auf das Gesamtergebnis sind sie erfolgsneutral.

Die kalkulatorischen Wagnisse
Das allgemeine Unternehmerwagnis, das sich in einem allgemeinen Nachfrage- und damit Beschäftigungsrückgang und schließlich in Verlusten dokumentiert, ist aus vorher erwirtschafteten Gewinnen abzudecken.

Daneben gibt es sogenannte Einzelwagnisse. Dazu gehören:

- das Beständewagnis
  der Vorräte durch Schwund, Preisverfall, Veralten, Diebstahl;

- das Anlagenwagnis,
  zum Beispiel durch vorzeitiges Veralten oder Brand;

- das Fertigungswagnis,
  zum Beispiel durch Material-, Arbeits-, Konstruktionsfehler;

- das Entwicklungswagnis
  durch fehlgeschlagene Entwicklung;

- das Vertriebswagnis,
  zum Beispiel durch Forderungsausfälle oder Währungsverluste;
- das Gewährleistungswagnis,
  zum Beispiel durch kostenlosen Ersatz oder Preisnachlaß bei Mängelrügen.

Sofern diese Einzelwagnisse durch Fremdversicherungen abgedeckt werden können, gehen die zu zahlenden Versicherungsprämien als Kosten in die Kosten- und Leistungsrechnung ein.

Sind bestimmte Einzelwagnisse nicht durch Fremdversicherungen abdeckbar, dann werden kalkulatorische Kosten angesetzt – quasi als Selbstversicherung.

Der kalkulatorische Unternehmerlohn
Der kalkulatorische Unternehmerlohn wird in Einzelunternehmen und Personengesellschaften deshalb in die Kosten eingerechnet, um die Kostenstruktur von Unternehmen dieser Rechtsform mit der Kostenstruktur von Kapitalgesellschaften vergleichbar zu machen. Während die unternehmerische Arbeit in Personenunternehmen nicht als gewinnmindernder Aufwand in der Gewinn- und Verlustrechnung angesetzt werden darf, sondern aus dem Gewinn abzugelten ist, bedeuten die Gehälter der Vorstandsmitglieder bzw. Geschäftsführer in Kapitalgesellschaften Aufwand.

Das gewichtigere Argument für die Ansetzung des Unternehmerlohnes ist jedoch in der Forderung nach Ausgleich für entgangenen Nutzen zu sehen, denn die Inhaber von Personenunternehmen könnten ihre Arbeitskraft anderswo gegen Entgelt einsetzen. Die Höhe des Unternehmerlohnes könnte sich entsprechend dem Gehalt eines leitenden Angestellten in vergleichbarer Position bemessen.

Die kalkulatorischen Zinsen
Unternehmen mit unterschiedlicher Kapitalstruktur haben unterschiedliche Zinsaufwendungen. Um die Kostenstruktur vergleichen zu können, sind daher auch für das Eigenkapital Zinsen anzusetzen. Oder anders argumentiert: Zinsen auf das Eigenkapital sind als Ausgleich für entgangenen Nutzen in die Kosten einzurechnen, denn die Eigentümer hätten ihr eingebrachtes Kapital auch anderweitig zinsbringend anlegen können.

Die kalkulatorischen Zinsen sind lediglich vom betriebsnotwendigen Kapital zu berechnen. Da aus der Passivseite der Bilanz nicht ersichtlich ist, welcher Teil des Kapitals betriebsnotwendig ist, wird das betriebsnotwendige Kapital aus der Aktivseite der Bilanz abgeleitet und wie folgt berechnet:

	Betriebsnotwendiges Anlagevermögen (Kalkulatorische Restwerte)
+	Betriebsnotwendiges Umlaufvermögen (im Jahresdurchschnitt gebundenes UV)
=	Betriebsnotwendiges Vermögen
–	Abzugskapital (zinslos überlassenes Fremdkapital)
=	Betriebsnotwendiges Kapital

Zur Berechnung der kalkulatorischen Zinsen wird nun das betriebsnotwendige Kapital mit dem landesüblichen Zinssatz für langfristig angelegtes Kapital multipliziert.

Während die tatsächlich gezahlten Zinsen auf das Fremdkapital in die Gewinn- und Verlustrechnung eingehen, werden in der Kosten- und Leistungsrechnung die kalkulatorischen Zinsen erfaßt; sie wirken sich lediglich auf das Betriebsergebnis aus, sind jedoch im Hinblick auf das Unternehmensergebnis erfolgsneutral.

Die kalkulatorische Miete
Unternehmen in eigenen Geschäftsräumen können eine kalkulatorische Miete ansetzen, um ihre Kostenstruktur mit der von solchen Unternehmen vergleichbar zu machen, die Geschäftsräume gemietet haben.

Bedingung ist allerdings, daß die in der kalkulatorischen Miete enthaltenen kalkulatorischen Zinsen, kalkulatorischen Abschreibungen und betrieblichen Instandhaltungskosten entsprechend gekürzt werden, da sonst eine doppelte Verrechnung der Kosten erfolgen würde.

3.3 Kostenstellenrechnung

Die Kostenstellenrechnung fragt danach, wo welche Kosten in welcher Höhe in einer Abrechnungsperiode entstanden sind. Daraus folgt, daß unter Kostenstelle der Ort zu verstehen ist, an dem die Kosten entstanden sind.

In manchen Fällen, wie beispielsweise in der Bauindustrie, ist der Kostenträger, nämlich das Bauvorhaben, identisch mit einer Kostenstelle.

Die Kostenstellenrechnung kann zum einen innerhalb der Geschäftsbuchhaltung auf Konten durchgeführt werden. Da diese Form jedoch sehr aufwendig und relativ unübersichtlich ist, wird in der Praxis die *statistisch-tabellarische Kostenstellenrechnung* mit Hilfe des Betriebsabrechnungsbogens (vgl. Abschnitt 3.3.2) vorgezogen.

3.3.1 Gliederungsmöglichkeiten der Kostenstellen

Die Kostenstellen eines Betriebes können nach unterschiedlichen Gesichtspunkten gegliedert werden.

Wird nach räumlichen Gesichtspunkten gegliedert, so stellen die einzelnen Gebäude oder Räume die Kostenstellen dar. Voraussetzung ist, daß gleiche oder verwandte Funktionen in einem Gebäude bzw. Raum zusammengefaßt sind.

Bei der Gliederung nach Verantwortungsbereichen sollen die Betriebsangehörigen für die Kostenentwicklung verantwortlich gemacht werden.

Die Gliederung nach Funktionen ist die häufigste Art der Kostenstellenbildung, dargestellt in der Tabelle 6. Dabei hängt die Tiefe bzw. Feinheit der Untergliederung von den Gegebenheiten des jeweiligen Betriebes ab.

Schließlich werden – häufig in Verbindung mit der Gliederung nach Funktionen – die Kostenstellen nach verrechnungstechnischen Aspekten unterteilt. In den *Hauptkostenstellen* entstehen zunächst primäre Kosten.

Die *Hilfs- oder Nebenkostenstellen* sind solche Stellen, die ausschließlich Leistungen für die Hauptkostenstellen erbringen. So erbringt beispielsweise die Hilfskostenstelle „Arbeitsvorbereitung" nur Leistungen für die Hauptkostenstellen der Fertigung wie etwa „Dreherei" und „Stanzerei". Folglich werden die (primären) Kosten der Hilfskostenstellen den Hauptkostenstellen zugerechnet – sie sind dort dann sekundäre Kosten.

Die *allgemeinen Kostenstellen*, z. B. die Telefonzentrale oder das Archiv, schließlich sind solche Kostenstellen, die nicht für sich selbst existieren, sondern Leistungen für alle übrigen Kostenstel-

Kostenbereich	Kostenstellen	Gemeinkostenarten	
Material- bereich	Beschaffung Materialannahme Lager Materialausgabe	Hilfslöhne Gehälter Energie Abschreibung auf Einrichtung	Material- gemein- kosten
Fertigungs- bereich	*Hilfsstellen* Arbeitsvorbereitung technische Leitung Konstruktion Lohnbüro Werkzeugmacherei Reparatur *Hauptstellen* Stanzerei Dreherei Montage	Hilfslöhne Gehälter Meistergehälter Energie Abschreibung auf Anlagen	Fertigungs- gemein- kosten
Verwaltungs- bereich	Kaufmänn. Leitung Rechnungswesen – Buchhaltung – Kalkulation – Statistik Personalwesen Finanzabteilung	Gehälter Büromaterial Abschreibung auf Geschäfts- ausstattung Heizkosten	Verwal- tungs- gemein- kosten
Vertriebs- bereich	Lager für Fertig- erzeugnisse Versandlager Verkauf Werbung Marktforschung	Versandkosten Verpackung Gehälter Werbekosten Abschreibungen	Vertriebs- gemein- kosten
Allgemeiner Bereich	Kraftanlage Fuhrpark Wasserversorgung	Löhne Gehälter Abschreibungen	

Tabelle 6: Gliederung der Kostenstellen nach Funktionen

len, also für die Haupt- und Hilfskostenstellen erbringen. Daher werden die Kosten der allgemeinen Kostenstellen den übrigen Kostenstellen belastet.

3.3.2 Aufgaben und Durchführung der Kostenstellenrechnung

Die Kostenstellenrechnung wird mit Hilfe des Betriebsabrechnungsbogens (BAB) durchgeführt. Je nachdem, wie differenziert die Kostenstellen strukturiert sind, ist auch der BAB aufgebaut.

■ **Verschiedene Betriebsabrechnungsbögen**

Üblicherweise werden drei BAB-Arten unterschieden:

- der einfache einstufige BAB,
- der erweiterte einstufige BAB,
- der mehrstufige BAB.

Die folgenden Überlegungen gelten für den einfachen einstufigen BAB, können aber auf jeden anderen BAB übertragen werden.

Wie Tabelle 7 zeigt, werden für den einfachen BAB vier Kostenbereiche gebildet. Sodann werden alle Kostengüterarten einer Abrechnungsperiode (zum Beispiel ein Monat) daraufhin untersucht, ob sie sich dem Kostenträger direkt (Einzelkosten) oder nicht direkt zurechnen lassen (Gemeinkosten). Nur die *Gemeinkosten* werden dann in den BAB aufgenommen.

Im nächsten Schritt werden die Gemeinkosten auf die Kostenstellen (hier Kostenbereiche) verteilt. Lassen sich die kostenträgerbezogenen Gemeinkosten den einzelnen Kostenstellen direkt zurech-

Konto Nr.	Gemein-kostenart	Zahlen der Buchführung	Verteilungs-schlüssel	Kostenbereiche			
				Material	Fertigung	Verwaltung	Vertrieb
439	Gehälter	11 296,-	lt. Gehaltsliste	600,-	4 690,-	4 522,-	1 484,-
420	Brennstoffe	2 365,-	m²	100,-	1 520,-	510,-	235,-
•	•	•	•	•	•	•	•
•	•	•	•	•	•	•	•
				4 428,-	9 110,-	8 920,-	4 695,-
Zuschlagsgrundlagen				Fertigungsmaterial	Fertigungslöhne	Herstellkosten des Umsatzes	
				35 800,-	25 000,-	75 338,-	
Gemeinkostenzuschlagssätze				12,37%	36,44%	11,84%	6,23%

Tabelle 7: Der einfache Betriebsabrechnungsbogen

nen, wie etwa die Gehälter der Angestellten gemäß Gehaltsliste, so handelt es sich um sogenannte *Kostenstelleneinzelkosten*.

Lassen sich dagegen die kostenträgerbezogenen Gemeinkosten den Kostenstellen nicht direkt zurechnen, sondern müssen dafür sinnvolle Verteilungsschlüssel verwendet werden (wie etwa die Verteilung der Heizkosten nach m²), so wird von *Kostenstellengemeinkosten* gesprochen.

Nach der Verteilung der Gemeinkosten werden die Kostensummen für die vier Kostenbereiche gebildet und die Gemeinkostenzuschlagssätze für die vier Kostenbereiche errechnet, indem die jeweiligen Gemeinkostensummen ins Verhältnis zu bestimmten Zuschlagsgrundlagen gesetzt werden.

Mehrbestand an Fertigerzeugnissen   1 000,-
Minderbestand an unfertigen Erzeugnissen   2 000,-

$$\text{Materialgemeinkostenzuschlagssatz} = \frac{\text{Materialgemeinkosten}}{\text{Materialeinzelkosten (Fertigungsmaterial)}} \times 100$$

$$\text{Fertigungsgemeinkostenzuschlagssatz} = \frac{\text{Fertigungsgemeinkosten}}{\text{Fertigungseinzelkosten (Fertigungslöhne)}} \times 100$$

$$\text{Verwaltungsgemeinkostenzuschlagssatz} = \frac{\text{Verwaltungsgemeinkosten}}{\text{Herstellkosten des Umsatzes}} \times 100$$

$$\text{Vertriebsgemeinkostenzuschlagssatz} = \frac{\text{Vertriebsgemeinkosten}}{\text{Herstellkosten des Umsatzes}} \times 100$$

Die *Herstellkosten des Umsatzes*, die Zuschlagsgrundlage für die Verwaltungs- und Vertriebsgemeinkosten, ergeben sich wie folgt:

    Materialeinzelkosten
+ Materialgemeinkosten
+ Fertigungseinzelkosten
+ Fertigungsgemeinkosten

= Herstellkosten der Erzeugung
+ Bestandsminderungen an fertigen und unfertigen Erzeugnissen
− Bestandsmehrungen an fertigen und unfertigen Erzeugnissen

= Herstellkosten des Umsatzes

Die Wahl der Zuschlagsgrundlage „Herstellkosten des Umsatzes" für die Verwaltungs- und Vertriebsgemeinkosten unterstellt, daß zumindest die Vertriebsgemeinkosten nicht von den hergestellten, sondern von den abgesetzten Erzeugnissen verursacht werden. Der

Einfachheit halber werden auch die Verwaltungsgemeinkosten auf die Herstellkosten des Umsatzes bezogen.

- **Gemeinkostenzuschlagssätze**

Sie werden für die Angebotskalkulation benötigt, um die Selbstkosten errechnen zu können. Da allerdings zum Zeitpunkt der Angebotskalkulation die Ist-Gemeinkosten und damit die Ist-Gemeinkostenzuschlagssätze nicht bekannt sind, werden Zuschlagssätze aus der Vergangenheit (Durchschnittswerte mehrerer vergangener Abrechnungsperioden) für die Angebotskalkulation verwendet. Diese Zuschlagssätze werden Normal-Gemeinkostenzuschlagssätze genannt.

Nun stimmen die (kalkulierten) Normal-Gemeinkosten häufig nicht mit den später durch die Produktion tatsächlich entstandenen Ist-Gemeinkosten überein. Aufgabe des BAB ist es daher, diese Kostenabweichungen festzustellen. Sind die Normalkosten höher als die Istkosten, so liegt eine *Kostenüberdeckung* vor, das heißt, es wurden mehr Kosten einkalkuliert als tatsächlich entstanden sind. Sind dagegen die Normalkosten geringer als die Istkosten, so handelt es sich um eine *Kostenunterdeckung*.

Die Ursachen der Kostenüber- bzw. -unterdeckungen müssen analysiert und beseitigt werden – insofern dient der BAB auch der Kostenkontrolle. Gegebenenfalls müssen die Gemeinkostenzuschlagssätze geändert werden.

Der *erweiterte einstufige BAB* unterscheidet sich vom einfachen BAB dadurch, daß insbesondere der Fertigungsbereich in mehrere Kostenstellen unterteilt wird. Entsprechend der Zahl der Fertigungskostenstellen wird dann eine gleiche Zahl an Fertigungsgemeinkostenzuschlagssätzen errechnet. Dabei werden die Fertigungsgemeinkosten jeder Fertigungskostenstelle auf die Fertigungslöhne jeder Fertigungsstelle bezogen.

Der mehrstufige BAB schließlich weist darüber hinaus noch allgemeine Kostenstellen sowie im Fertigungsbereich die Hilfskostenstellen auf.

Nach Verteilung der primären Gemeinkosten auf die einzelnen Kostenstellen und Bildung der vorläufigen Gemeinkostensummen werden die Kosten der allgemeinen Kostenstellen auf alle übrigen Kostenstellen verteilt. Anschließend werden die Kosten der Hilfskostenstellen des Fertigungsbereiches auf die Fertigungshauptkostenstellen verteilt. Danach werden dann wieder die Gemeinkostenzuschlagssätze gebildet.

Sofern zwischen einzelnen Kostenstellen ein gegenseitiger Leistungsaustausch stattfindet – und dies ist wirklichkeitsnäher –, müssen die Kosten dieser Stellen simultan verrechnet werden. Hierzu bedarf es besonderer Rechentechniken.

3.4 Kostenträgerrechnung

Unter Kostenträger sind die in einem Industriebetrieb in einer Abrechnungsperiode hergestellten Produkte zu verstehen. Der Begriff „Kostenträger" entspricht damit dem bereits eingeführten Begriff der Leistung.

Die Kostenträgerrechnung fragt danach, welche Kosten in welcher Höhe auf die hergestellten Produkte entfallen.

Sie kann wie folgt gegliedert werden:

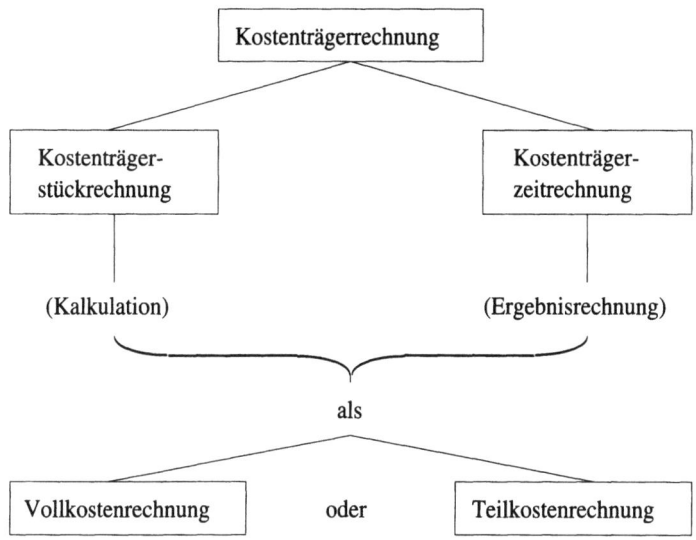

Abbildung 3: Gliederung der Kostenträgerrechnung

3.4.1 Kostenträgerrechnung auf Vollkostenbasis

■ **Kostenträgerstückrechnung**

Mit Kostenträgerrechnung auf Vollkostenbasis ist zunächst die Ermittlung der *Kosten pro Leistungseinheit* (Kosten pro Stück oder kg oder m^2 usw.) unter Berücksichtigung der in der Abrechnungsperiode insgesamt angefallenen Kosten gemeint, also die Kostenträgerstückrechnung. Sie entspricht damit dem Begriff der Kalkulation.

Je nach dem Produktionsprogramm und/oder der Fertigungsorganisation wenden die Unternehmen unterschiedliche Kalkulationsmethoden zur Bestimmung ihrer Kosten pro Leistungseinheit an. Einige Verfahren seien hier kurz vorgestellt.

Die einfache *Divisionskalkulation* wird dann angewandt, wenn ein Unternehmen ein einziges Produkt in großen Stückzahlen herstellt und Produktions- und Absatzmenge in einer Abrechnungsperiode übereinstimmen. Solche Produktions- und Absatzverhältnisse liegen beispielsweise in einem Elektrizitätswerk vor.

Die Kosten pro Leistungseinheit, kurz Stückkosten genannt, errechnen sich wie folgt:

$$\text{Stückkosten} = \frac{\text{Gesamtkosten der Abrechnungsperiode}}{\text{Produzierte Menge der Abrechnungsperiode}}$$

Stimmen produzierte und abgesetzte Menge einer Abrechnungsperiode nicht überein, so läßt sich die Divisionskalkulation dahingehend verfeinern, daß die Herstellkosten durch die produzierte Menge, die Verwaltungs- und Vertriebsgemeinkosten durch die abgesetzte Menge dividiert werden. So wird vermieden, daß die auf Lager gehenden Erzeugnisse insbesondere mit Vertriebskosten belastet werden.

Die *Äquivalenzziffernkalkulation* als eine besondere Form der Divisionskalkulation wird angewandt, wenn *mehrere Sorten* eines Produktes gleichzeitig gefertigt werden. Die Produkte sind rohstoffverwandt und durchlaufen den gleichen Fertigungsprozeß. Als Beispiele können die Ziegel-, Spanplatten- oder Glasherstellung genannt werden.

Die Kosten der verschiedenen Sorten stehen in einem festen Verhältnis zueinander, das sich in den sogenannten Äquivalenzziffern dokumentiert.

Nach der Bestimmung der Größe, die das Kostenverhältnis ausdrücken soll, und Errechnung der Äquivalenzziffern werden die Produktionsmengen jeder Sorte mit ihren Äquivalenzziffern multipliziert. Das Ergebnis sind die sogenannten Recheneinheiten. Die Gesamtkosten der Abrechnungsperiode, dividiert durch die Summe der Recheneinheiten, ergeben die Selbstkosten pro Recheneinheit. Werden diese mit den Äquivalenzziffern je Sorte multipliziert, so ergeben sich die Selbstkosten pro Mengeneinheit jeder Sorte (Vgl. Beispiel 6 im Anhang).

Die *Zuschlagskalkulation* schließlich kommt in Unternehmen mit *simultaner Einzelfertigung* – z. B. in einer Maschinenfabrik – oder mit *wechselnder Serienfertigung* zur Anwendung.

Der Grundgedanke dabei ist, daß nur ein Teil der in einer Abrechnungsperiode angefallenen Kosten den einzelnen Produkten zugerechnet werden kann, nämlich die Einzelkosten. Die restlichen Kosten, die Gemeinkosten, müssen den Produkten „zugeschlagen" werden, und zwar mit Hilfe der schon bekannten Gemeinkostenzuschlagssätze, die aus dem BAB zu entnehmen sind.

Die so beschriebene Zuschlagskalkulation, die auch als Nachkalkulation bezeichnet wird, ist vergangenheitsbezogen, denn sie zeigt, wie hoch die tatsächlich entstandenen Selbstkosten je Produktart insgesamt bzw. pro Stück sind.

Die *Angebotskalkulation* hingegen ist zukunftsbezogen. Die Selbstkosten für einen Auftrag als Grundlage für den Angebotspreis werden ermittelt, indem zunächst die Einzelkosten relativ exakt vorausberechnet werden. Die Gemeinkosten werden dann in der Weise kalkuliert, daß die vorausberechneten Einzelkosten bzw. die Herstellkosten mit den schon bekannten Normal-Gemeinkostenzuschlagssätzen multipliziert werden (Vgl. Beispiel 7 im Anhang).

■ Kostenträgerzeitrechnung

Um den Angebotspreis festzulegen, können bei der Vollkostenrechnung die Einzelkosten ziemlich genau vorausberechnet werden, während die Gemeinkosten mit Hilfe der Normal-Gemeinkostenzuschlagssätze vorausgeplant werden.

Vergleicht man nach Beendigung der Produktion die vorausgeplanten Kosten, Normalkosten genannt, mit den tatsächlich angefallenen Kosten, Istkosten genannt, so ergeben sich in aller Regel Abweichungen, nämlich *Kostenüberdeckungen* oder *Kostenunterdeckungen*. Diese Information bildet die Grundlage für die kurzfristige Erfolgsrechnung.

Das kurzfristige Betriebsergebnis errechnet sich unter Berücksichtigung der Kostenabweichungen wie folgt:

  Verkaufserlöse der Abrechnungsperiode
- Verrechnete Normalkosten
= Umsatzergebnis der Abrechnungsperiode
+ Kostenüberdeckung der Abrechnungsperiode oder
- Kostenunterdeckung der Abrechnungsperiode
= Betriebsergebnis der Abrechnungsperiode

Kostenüberdeckungen verbessern, Kostenunterdeckungen verschlechtern also das Betriebsergebnis.

Die Ermittlung der Selbstkosten und des Betriebsergebnisses wird mit Hilfe des *Kostenträgerzeitblattes* durchgeführt.

3.4.2 Kostenträgerrechnung auf Teilkostenbasis

■ **Systeme der Teilkostenrechnung**

Der gravierendste Einwand gegen die Vollkostenrechnung besteht darin, daß an ihrer Brauchbarkeit als Grundlage für die (im folgenden Kapitel skizzierten) Unternehmensentscheidungen gezweifelt wird. In der Teilkostenrechnung werden daher den Kostenträgern nicht alle Kosten, sondern nur bestimmte Teile der Kosten zugerechnet.

Je nachdem, welche Kosten man den Kostenträgern zurechnet, werden in der Kosten- und Leistungsrechnung verschiedene Teilkostenrechnungssysteme unterschieden:

– Teilkostenrechnung auf der Grundlage von variablen und fixen Kosten

   a) mit globaler Fixkostenbehandlung
      (einfaches Direct Costing),

   b) mit differenzierender Fixkostenbehandlung
      (stufenweise Fixkostendeckung).

– Teilkostenrechnung auf der Grundlage von Einzelkosten und Gemeinkosten

   a) mit globaler Gemeinkostenbehandlung,

   b) mit differenzierender Gemeinkostenbehandlung
      (Deckungsbeitragsrechnung nach Paul Riebel).

Im folgenden werden das einfache Direct Costing und die stufenweise Fixkostendeckung kurz skizziert.

Beim einfachen oder einstufigen Direct Costing werden den Kostenträgern lediglich die variablen Kosten zugeordnet. Zieht man von den Verkaufserlösen der Produkte die variablen Kosten ab, so erhält man die Größe, die als Deckungsbeitrag bezeichnet wird. Das ist der Betrag eines jeden Produktes, der zur Deckung der Fixkosten und gegebenenfalls der Gewinnerzielung dienen soll. Für den Fall, daß der Deckungsbeitrag negativ ist, reichen die Verkaufserlöse nicht aus, alle variablen Kosten, geschweige denn die Fixkosten zu decken.

Der Deckungsbeitrag eines Produktes kann sowohl periodenbezogen als auch stückbezogen errechnet werden:

1. Verkaufserlöse des Produktes pro Abrechungsperiode
   − Variable Kosten des Produktes pro Abrechnungsperiode

   Deckungsbeitrag des Produktes pro Abrechnungsperiode

2. Absatzpreis pro Mengeneinheit des Produktes
   − Variable Kosten pro Mengeneinheit des Produktes

   Deckungsbeitrag pro Mengeneinheit des Produktes

Mit der Ermittlung des Deckungsbeitrages endet die Kostenträgerrechnung. Wird sie zur Betriebsergebnisrechnung ausgeweitet, so werden beim einfachen Direct Costing die Deckungsbeiträge der verschiedenen Produkte der Abrechnungsperiode addiert und von ihrer Summe die Fixkosten en bloc abgezogen − als Differenz ergibt sich dann das Betriebsergebnis (Vgl. Beispiel 8 im Anhang).

Im Gegensatz zum einfachen Direct Costing werden bei der stufenweisen Fixkostendeckung die Fixkosten nicht global, sondern differenziert behandelt. Bei der Ermittlung des Betriebsergebnisses werden verschiedene Fixkostenebenen unterschieden, wie das folgende Rechenschema zeigt:

Umsatzerlöse
− Variable Kosten
= Deckungsbeitrag I
− Erzeugnisfixe Kosten
= Deckungsbeitrag II
− Erzeugnisgruppenfixe Kosten
= Deckungsbeitrag III
− Kostenstellenfixe Kosten
= Deckungsbeitrag IV
− Bereichsfixe Kosten
= Deckungsbeitrag V
− Unternehmensfixe Kosten
= Betriebsergebnis

Gegenüber dem einfachen Direct Costing hat eine derartige Rechnung einen größeren Informationsgehalt.

■ **Anwendungsbereiche des einfachen Direct Costing**

Die Teilkostenrechnung, hier: das einfache Direct Costing, ist ein Instrument für unternehmerische Entscheidungen, von denen einige skizziert werden sollen.

− Bei der *Gewinnschwellen- oder Break-even-Analyse* wird gefragt, wieviele Mengeneinheiten eines Gutes produziert werden müssen, damit die Gewinnzone erreicht wird. Die sogenannte *Break-even-Menge* ist als die Menge definiert, bei der Umsatz und Kosten gleich hoch sind oder − in der Teilkostenrechnung − bei der die Summe der Deckungsbeiträge pro Mengeneinheit gleich den Fixkosten ist (Vgl. Beispiel 9 im Anhang).

− Die *langfristige Preisuntergrenze* führt zu Umsatzerlösen, die gerade die gesamten Kosten der Abrechnungsperiode decken, bzw. die Summe der Deckungsbeiträge der Produkte muß die Fixkosten decken.

- Kurzfristig kann ein Unternehmen auf die Deckung seiner fixen Kosten verzichten. Die *kurzfristige Preisuntergenze* entspricht damit den variablen Kosten pro Mengeneinheit eines Produktes. Der Deckungsbeitrag pro Mengeneinheit ist demnach gleich Null.

- Die Entscheidung über die *Bereinigung des Sortiments* wird ebenfalls mit Hilfe der Teilkostenrechnung getroffen. Zeigt sich aufgrund der Vollkostenrechnung, daß ein Produkt innerhalb eines Sortimentes einen Verlust erwirtschaftet hat, so wäre es übereilt, dieses Produkt aus dem Sortiment zu nehmen. Denn so lange dieses Produkt einen positiven Deckungsbeitrag aufweist, trägt es mit dazu bei, einen Teil der fixen Kosten zu decken und so das Betriebsergebnis günstiger zu gestalten.

- In einer Mehrproduktartenunternehmung ist zu entscheiden, in welcher Reihenfolge die verschiedenen Produkte produziert und abgesetzt werden sollen. Sofern ausreichende Kapazitäten vorhanden sind, richtet sich die Reihenfolge nach der Höhe der Deckungsbeiträge pro Mengeneinheit jeder Produktart (*absolute Deckungsbeiträge*). Zuerst wird also das Produkt mit dem höchsten absoluten Deckungsbeitrag produziert und abgesetzt. Stellt eine Abteilung bzw. Kostenstelle, die von allen Produkten in Anspruch genommen wird, einen Engpaß dar, dann richtet sich die Reihenfolge der Produktion nach den Deckungsbeiträgen pro Zeiteinheit je Produktart (*relative Deckungsbeiträge*). (Vgl. Beispiel 10 im Anhang.)

- Bei gegebenen Produktions- und Absatzmengen in einer Mehrproduktartenunternehmung muß schließlich über *Annahme oder Ablehnung eines Zusatzauftrages* entschieden werden. Sind noch Kapazitäten frei, so wird der Zusatzauftrag dann angenommen, wenn sein Deckungsbeitrag größer als Null ist.

Sind die Kapazitäten ausgelastet, so wird der Zusatzauftrag nur angenommen, wenn die Erlöse des Zusatzauftrages mindestens die variablen Kosten des Zusatzauftrages und die entgangenen Deckungsbeiträge des verdrängten Produktes abdecken.

3.5 Plankostenrechnung

Eine der wichtigsten Aufgaben der Kosten- und Leistungsrechnung ist die Kostenkontrolle, die durch Kostenvergleich erfolgt.

Welche Kosten werden miteinander verglichen?
Hierfür bieten sich drei Möglichkeiten an:

- Vergleich der Istkosten der laufenden Periode mit den Istkosten der Vorperiode. Hier erscheint jedoch die Vergleichsbasis zu mager. Zudem werden Kostenabweichungen zu sehr von Zufällen bestimmt, als daß aussagefähige Erkenntnisse gewonnen werden könnten.

- Vergleich der *Istkosten* der laufenden Periode mit den schon bekannten *Normalkosten* als durchschnittliche Istkosten mehrerer vergangener Perioden.
Eine Analyse der Kostenabweichungen fällt auch hier schwer, da sich in den Durchschnittswerten verschiedene Einflüsse mischen. Diese Rechnung ermöglicht es nur, nachträglich Kostenüber- bzw. Kostenunterdeckungen festzustellen.

- Vergleich der Istkosten der laufenden Periode mit den – zukunftsorientierten – *Plankosten*.

Grundlage für die zuletzt genannte Vergleichsrechnung, die zu aussagekräftigen Ergebnissen führt, ist die sogenannte *Plankosten-*

rechnung, die auf der Einteilung der Kosten in fixe und variable Kosten basiert.

Von den verschiedenen Spielarten der Plankostenrechnung sei hier die gebräuchlichste, nämlich die *flexible Plankostenrechnung*, skizziert.

Sie geht davon aus, daß für jede Kostenstelle die Höhe jeder Kostengüterart bei einer bestimmten Beschäftigung (Planbeschäftigung) vorausberechnet wird. Im einzelnen sind die folgenden Schritte zu vollziehen:

- Zuerst wird die Bezugsgröße (Maßgröße, in der die Beschäftigung gemessen wird) für jede Kostenstelle festgelegt, beispielsweise Maschinenstunden, Fertigungsstunden oder Ausbringungsmenge.

- Dann wird die Planbeschäftigung, z. B. die geplante Produktionsmenge in einer Periode, bestimmt.

- Anschließend werden die Verbrauchsmengen bzw. -zeiten für jede Kostengüterart aufgrund technischer Unterlagen unter Mitwirkung von Refa-Ingenieuren, Konstrukteuren und Kostenrechnern auf der Basis der Planbeschäftigung errechnet.

- Das so ermittelte Mengengerüst wird mit Preisen bewertet. Das Ergebnis sind die Plankosten für jede Kostengüterart in jeder Kostenstelle bei Planbeschäftigung.

- Schließlich sind die Kostengüterarten, die den Gemeinkosten zuzuordnen sind, in fixe und variable Kosten einzuteilen bzw. aufzulösen.

Die so ermittelten Plankosten stellen nun das Ziel dar, das es zu erreichen oder besser: zu unterschreiten gilt. Plankosten haben also Vorgabecharakter.

Die Plankostenrechnung stellt nun nicht nur die Differenzen zwischen vorausgeplanten und tatsächlich angefallenen Kosten fest, sondern sie führt die Gesamtabweichung auf drei mögliche Ursachen zurück:

Preisabweichungen,
um Preisabweichungen auszuschalten, werden den Istkosten wie den Plankosten die gleichen Verrechnungspreise zugrunde gelegt;

Beschäftigungsabweichungen,
die sich dadurch ergeben, daß die Istbeschäftigung von der Planbeschäftigung abweicht;

Verbrauchsabweichungen,
hervorgerufen durch Mehr- oder Minderverbrauch von Material, Fertigungsstunden und Maschinenstunden. Nur Verbrauchsabweichungen sind von den Kostenstellenleitern zu verantworten. Ihre Ermittlung ist der eigentliche Zweck der flexiblen Plankostenrechnung.

4 Betriebswirtschaftliche Statistik und Vergleichsrechnung

Unter betriebswirtschaftlicher Statistik kann die zahlenmäßige Erfassung von betrieblichen Massenerscheinungen, also die Tätigkeit einerseits sowie das Ergebnis dieser Tätigkeit andererseits, verstanden werden.

Sie dient der betrieblichen *Kontrolle*, ist aber auch durch die Gewinnung neuer Erkenntnisse und Informationen, die die anderen Zweige des Rechnungswesens nicht liefern können, Grundlage für *Unternehmensplanung* und *Disposition*.

Die aus statistischen Erhebungen und Beobachtungen unmittelbar hervorgehenden Zahlen sind *absolute Zahlen*, die über tatsächliche Größenverhältnisse, etwa die Umsatzhöhe in Mrd. DM, Auskunft geben. Häufig sollen Größenrelationen wirtschaftlicher Tatbestände sichtbar gemacht werden. Dafür werden dann absolute Zahlen zueinander ins Verhältnis gesetzt, und man erhält *Verhältnis- oder Prozentzahlen*. Schließlich gibt es auch *Durchschnittszahlen*, die dazu dienen, eine statistische Reihe ungleicher Größen durch einen einzigen zahlenmäßigen Ausdruck zu charakterisieren, zum Beispiel den durchschnittlichen Lagerbestand.

Diese drei Arten des Zahlenmaterials werden zur Ermittlung betriebswirtschaftlicher *Kennzahlen* benötigt wie beispielsweise Kapital- oder Umsatzrentabilität, Liquidität, Cash flow usw.

Zur Veranschaulichung des Zahlenmaterials können unterschiedliche Darstellungsformen gewählt werden, nämlich tabellarische und grafische in Form von Linien-, Kurven- und Flächendiagrammen.

Die Anwendungsmöglichkeiten der betriebswirtschaftlichen Statistik sind praktisch unbegrenzt. So gibt es Vertriebsstatistiken, Beschaffungs- und Lagerstatistiken, Produktions- und insbesondere Kostenstatistiken, Personal-, Lohn- und Gehaltsstatistiken, Bilanz- und Erfolgsstatistiken.

Die statistischen Zahlen und Kennziffern werden verglichen. Ziel des Betriebsvergleichs ist die Kontrolle der Wirtschaftlichkeit und die Lieferung von Planungsunterlagen.

Zu unterscheiden sind der innerbetriebliche und der zwischenbetriebliche Vergleich.

Der *innerbetriebliche Vergleich* kann vorgenommen werden als

- Zeitvergleich (zum Beispiel Entwicklung des Umsatzes),
- Soll-Ist-Vergleich (zum Beispiel Normalkosten und Istkosten),
- Verfahrensvergleich (beispielsweise unterschiedliche Fertigungsverfahren oder Vergleich Eigenherstellung – Fremdbezug).

Beim *zwischenbetrieblichen Vergleich* können verglichen werden

- Betriebe desselben Wirtschaftszweiges,
- Betriebe verschiedener Wirtschaftszweige,
- Branchendurchschnittszahlen mit betriebseigenen Kennzahlen (Richtzahlenvergleich).

5 Planungsrechnung

Damit die Betriebsführung ihre Zielsetzung der langfristigen Gewinnmaximierung realisieren kann, bedarf es der Planung.

Zur Entscheidungsfindung müssen umfassende Informationen gesammelt werden. Solche Informationen liefern zunächst die Zahlen der Finanzbuchhaltung, der Kosten- und Leistungsrechnung und der betrieblichen Statistik. Darüber hinaus werden Informationen über die zur Wahl stehenden technischen Verfahren, über Leistungsfähigkeit und Verhalten der Konkurrenz, über das Verbraucherverhalten, die allgemeine Wirtschaftslage usw. benötigt. Zudem müssen Zukunftserwartungen mit in die Planung einbezogen und richtig eingeschätzt werden.

Der betriebliche Gesamtplan setzt sich aus Teilplänen zusammen, die von den einzelnen betrieblichen Funktionsbereichen aufgestellt werden und von der Betriebsführung koordiniert werden müssen.

Solche Teilpläne sind etwa der Absatzplan, der Produktionsplan und der Finanzplan, die ihrerseits wiederum aus verschiedenen Teilplänen bestehen. So gehören beispielsweise zum Produktionsplan der Beschaffungsplan für die Produktionsfaktoren (Personalplan, Materialplan, Investitionsplan), die Planung der Lagerbestände, die Planung des Produktionsprogrammes, die Planung der Entwicklung neuer Produkte usw.

Da sämtliche Teilpläne miteinander in Beziehung stehen, müssen sie aufeinander abgestimmt werden. Optimale Teilpläne bedeuten allerdings noch nicht automatisch das Optimum des Gesamtplanes. So wird die Fertigungsabteilung für die Herstellung von Großserien und damit für ein enges Produktionsprogramm plädieren, um die Stückkosten wegen der Fixkostendegression zu minimieren. Die Vertriebsabteilung wird dagegen eher für Kleinserien und damit für ein breites Sortiment eintreten, um am Absatzmarkt eine günstige Position zu haben. Dies führt jedoch zu höheren Produktionsstückkosten.

Um die anstehenden Planungs- und Koordinierungsprobleme im Hinblick auf einen optimalen Gesamtplan zu lösen, bedarf es der Anwendung wissenschaftlicher Methoden und Verfahren, die unter der Bezeichnung Operations Research zusammengefaßt werden.

Anhang

Beispiel 1

Inventar
des Unternehmens XY in Z für den 31.12.19..

	DM	DM
A. Vermögen		
I. Anlagevermögen		
1. Gebäude		
Fabrikgebäude	1.460.300	
Verwaltungsgebäude	879.000	
Lagergebäude	120.000	2.459.300
2. Maschinen lt. Anlagenverzeichnis 1		360.550
3. Werkzeuge lt. Anlagenverzeichnis 2		48.986
4. Betriebs- und Geschäftsausstattung lt. Anlagenverzeichnis 3		50.010
5. Fuhrpark		
LKW lt. Anlagenverzeichnis 4	210.000	
PKW lt. Anlagenverzeichnis 5	198.000	408.000
II. Umlaufvermögen		
1. Rohstoffe lt. Verzeichnis 6		370.800
2. Hilfsstoffe lt. Verzeichnis 7		103.490
3. Betriebsstoffe lt. Verzeichnis 8		21.000
4. Unfertige Erzeugnisse lt. Verzeichnis 9		80.100
5. Fertige Erzeugnisse lt. Verzeichnis 10		216.800
6. Forderungen an Kunden		
F. Schmitz, Hannover	63.200	
P. Gardener, Hamburg	124.000	
K. Laube, München	4.300	191.500
7. Kassenbestand		3.560
8. Bankguthaben		
Norddeutsche Landesbank, Hannover	380.000	
Deutsche Bank, Frankfurt	210.000	590.000
Summe des Vermögens		<u>4.904.186</u>

B. Schulden
I. Langfristige Schulden
1. Hypothek der Volksbank Braunschweig 1.600.000
2. Darlehen der Norddeutschen Landesbank
   Hannover 720.000

II. Kurzfristige Schulden
1. Verbindlichkeiten an Lieferer
   H. Manning, München 160.000
   M. Kern, Karlsruhe 69.540 229.540
2. Sonstige Verbindlichkeiten 34.980
Summe der Schulden 2.584.520

C. Ermittlung des Reinvermögens
Summe des Vermögens 4.904.186
./. Summe der Schulden 2.584.520
= Reinvermögen 2.319.666

Beispiel 2

Bilanz
des Unternehmens XY in Z für den 31.12.19..

Aktiva		Passiva	
I. Anlagevermögen		**I. Eigenkapital**	2.319.666
1. Gebäude	2.459.300		
2. Maschinen	360.550	**II. Fremdkapital**	
3. Werkzeuge	48.986	1. Hypotheken	1.600.000
4. Betriebs- und Geschäfts-		2. Darlehen	720.000
ausstattung	50.100	3. Verbindlichkeiten an	
5. Fuhrpark	408.000	Lieferer	229.540
		4. Sonstige Verbindl.	34.980
II. Umlaufvermögen			
1. Rohstoffe	370.800		
2. Hilfsstoffe	103.490		
3. Betriebsstoffe	21.000		
4. Unfertige Erzeugnisse	80.100		
5. Fertige Erzeugnisse	216.800		
6. Forderungen an Kunden	191.500		
7. Kassenbestand	3.560		
8. Bankguthaben	590.000		
	4.904.186		4.904.186

Ort, Datum | Unterschrift

Beispiel 3

Aktive Rechnungsabgrenzung

Das bilanzierende Unternehmen zahlt am 15. Oktober die Feuerversicherungsprämie in Höhe von 1 200,– DM für ein Jahr im voraus durch Banküberweisung. Buchen Sie am 15. Oktober, per 31. Dezember (Bilanzstichtag) und per 1. Januar.

Lösung

Folgende Buchungen sind durchzuführen

am 15.10.: Versicherungen an Bank 1 200,– DM
per 31.12.: Aktive Rechnungsabgrenzung an Versicherungen
 950,– DM
per 1. 1.: Versicherungen an Aktive Rechnungsabgrenzung
 950,– DM

Zeitanteilig entfallen auf das alte Jahr 250,– DM, auf das neue Jahr 950,– DM.

Beispiel 4

Passive Rechnungsabgrenzung

Der Mieter einer Etage des Verwaltungsgebäudes zahlt die Jahresmiete in Höhe von 10 000,– DM bereits am 23. Dezember im voraus durch Banküberweisung. Buchen Sie am 23. Dezember, per 31. Dezember und per 1. Januar aus der Sicht des Vermieters.

Lösung

Folgende Buchungen sind durchzuführen:

am 23.12.: Bank an Passive Rechnungsabgrenzung 10 000,- DM
per 31.12.: Passive Rechnungsabgrenzung an Schlußbilanzkonto 10 000,- DM
per 1. 1.: Passive Rechnungsabgrenzung an Mieterträge 10 000,- DM

Beispiel 5

Bilanzielle und kalkulatorische Abschreibung

Anfang 1992 wurde eine Papiermaschine gekauft. Die aktivierungspflichtigen Anschaffungskosten betrugen 1 568 750,- DM. Der Wiederbeschaffungsindex für 2002 beträgt 140 Prozent. Die betriebsgewöhnliche Nutzungsdauer beläuft sich auf 10 Jahre. Kalkulatorisch wird linear, bilanziell höchstmöglich degressiv abgeschrieben. Wieviel DM beträgt im ersten Jahr der Nutzung die bilanzielle und die kalkulatorische Abschreibung?

Lösung

Bilanziell: 30 % vom Anschaffungswert, das sind 470 625,- DM; kalkulatorisch: 10 % vom Wiederbeschaffungswert, das sind 219 625,- DM.

Beispiel 6

Äquivalenzziffernkalkulation

Aufgrund der folgenden Angaben sind die Stückkosten jeder Sorte zu berechnen:

Sorte	Äquivalenzziffer	Produzierte Menge
A	0,7	8 000 Stück
B	1,0	12 000 Stück
C	1,4	6 000 Stück

Die Selbstkosten der Abrechnungsperiode betragen insgesamt 624 000,– DM.

Lösung

Sorte	Recheneinheiten (RE)	Selbstkosten pro Stück
A	5 600	24,– DM x 0,7 = 16,80 DM
B	12 000	24,– DM x 1,0 = 24,– DM
C	8 400	24,– DM x 1,4 = 33,60 DM
	26 000	

624 000,– DM : 26 000 RE = 24,– DM/RE

Beispiel 7

Zuschlagskalkulation

Um ein Angebot abgeben zu können, sind die gesamten Selbstkosten für einen Auftrag über 500 Stück des Artikels Nr. 342 zu kalkulieren.

Fertigungsmaterial pro Stück: 60,–DM
Fertigungslöhne pro Stück: 6 Std. zu je 9,60 DM

Normalgemeinkostenzuschlagssätze für

Material	8 %	Fertigung	110%
Verwaltung	12 %	Vertrieb	8%

Lösung

Selbstkosten des Auftrages:

MEK	60,–DM/St. x 500 St.		30.000,–	
+ MGK	8%		2.400,–	
= MK				32.400,–
FEK	6 Std. x 9,60 DM/Std. x 500 St.		28.800 -	
+ FGK	110 %		31.680,–	
= FK				60.480,–
= Herstellkosten des Auftrages				92.880,–
+ VwGK 12 %				11.145,60
+ VtrGK 8%				7.430,40
= Selbstkosten des Auftrages				111.456,–

Beispiel 8

Direct Costing

Aufgrund des folgenden Tableaus sind mit Hilfe des Direct Costing die Deckungsbeiträge für jedes Produkt für die Abrechnungsperiode und pro Mengeneinheit sowie das Betriebsergebnis zu ermitteln.

Produkt	A	B	C	D
Preis pro Stück in DM	300	200	250	400
Absatzmengen im Stück	600	700	200	900
Variable Kosten der Periode in DM	140 000	85 000	52 000	306 000
Fixe Kosten der Periode in DM	126 000			

Lösung

	Produkt				Gesamt
	A	B	C	D	
Verkaufserlöse	180 000	140 000	50 000	360 000	730 000
− Variable Kosten	140 000	85 000	52 000	306 000	583 000
= Deckungsbeitrag	40 000	55 000	−2 000	54 000	147 000
− Fixe Kosten					126 000
= Betriebsergebnis					21 000

Deckungsbeiträge pro Mengeneinheit:

A: 40 000,− DM : 600 Stück =   66,67 DM
B: 55 000,− DM : 700 Stück =   78,57 DM
C: − 2 000,− DM : 200 Stück =   −10,− DM
D: 54 000,− DM : 900 Stück =   60,− DM

Beispiel 9

Break-even-Analyse

In einem Betrieb betragen

− die fixen Kosten in einer Periode 400 Geldeinheiten (GE),
− die variablen Kosten pro Stück 60 GE,
− der Absatzpreis pro Stück 80 GE.

Hieraus ergeben sich für den Betrieb

- die Gesamtkostenfunktion K = 400 + 60x,
- die Umsatzfunktion U = 80x

Zu errechnen ist die Break-even-Menge

- mit Hilfe der Vollkostenrechnung,
- mit Hilfe der Teilkostenrechnung.

Lösung

a) Break-even-Menge mit Hilfe der Vollkostenrechnung

Für die Break-even-Menge (= Gewinnschwelle) gilt die Bedingung: Umsatz = Kosten

$$U = K$$
$$80x = 400 + 60x$$
$$20x = 400$$
$$x = 20$$

b) Break-even-Menge mit Hilfe der Teilkostenrechnung

Für die Break-even-Menge (= Gewinnschwelle) gilt die Bedingung: Summe der Stückdeckungsbeiträge (oder Stückdeckungsbeitrag x Menge) = Fixkosten

Stückdeckungsbeitrag = Preis/ME − variable Kosten/ME
= 80 GE − 60 GE = 20 GE

$$20x = 400$$
$$x = 20$$

Beispiel 10

Optimales Produktionsprogramm

Ein Industriebetrieb produziert drei Produkte unter folgenden Bedingungen:

	Produkt		
	A	B	C
Nachfrage in Stück	900	2 100	1 200
Absatzpreis pro ME in DM	4	2	3
Variable Kosten pro ME in DM	2	1,3	2,1
Zeitliche Inanspruchnahme des Engpasses in Minuten/Stück	60	20	15
Kapazität des Engpasses in Maschinenstunden	500		

ME = Mengeneinheit

In welcher Reihenfolge werden die Produkte hergestellt

a) ohne Berücksichtigung des Engpasses,
b) mit Berücksichtigung des Engpasses?

Lösung

	Produkt		
	A	B	C
Deckungsbeitrag/Stück	2,–	0,70	0,90
Deckungsbeitrag/Stunde	2,–	2,10	3,60

a) Ohne Engpaß gelten die absoluten Deckungsbeiträge = Deckungsbeiträge pro Stück. Danach wird zuerst Produkt A, dann C und schließlich B produziert.

b) Mit Engpaß richtet sich die Entscheidung nach den relativen Deckungsbeiträgen = Deckungsbeiträge pro Stunde. Die Produktion eines Stückes des Produktes A dauert 60 Minuten, also beträgt der Deckungsbeitrag pro Stunde für Produkt A 2,– DM. Für B werden 20 Minuten pro Stück benötigt, was bedeutet, daß in einer Stunde drei Stück hergestellt werden können. Der Deckungsbeitrag pro Stunde des Produktes B beträgt dann 3 x 0,70 DM = 2,10 DM. Analog für Produkt C.

Ergebnis: Zuerst wird die Nachfrage nach Produkt C, dann die nach Produkt B und schließlich nach A befriedigt.

Literaturverzeichnis

Europa-Lehrmittel:
Kosten- und Leistungsrechnung Schritt für Schritt. Wuppertal 1984.

Europa-Lehrmittel:
Grundlagen des Rechnungswesens (IKR). 3. Aufl., Wuppertal 1987.

Heinen, E.:
Handelsbilanzen. 12. Aufl., Wiesbaden 1986.

Scharf, D.:
Kostenträgerrechnung. Industriekaufmann, 1986.
Heft 6, S. 20-22
Heft 7, S. 16-24
Heft 11, S. 16-21

Scharf, D.:
Flexible Plankostenrechnung. Industriekaufmann, 1990.
Heft 11, S. 15-18
Heft 12, S. 9-13

Scharf, D.:
Handelsrechtlicher Jahresabschluß. 2. Aufl., Wiesbaden 1992.

Schmolke, S./Deitermann, M.:
Industrielles Rechnungswesen IKR. 16. Aufl., Darmstadt 1991.

Weber, H. K.:
Betriebswirtschaftliches Rechnungswesen.
Bd. 1: Bilanz und Erfolgsrechnung. 3. Aufl., München 1988.
Bd. 2: Kosten- und Leistungsrechnung. 3. Aufl., München 1991.

Stichwortverzeichnis

A

Abgabenkosten 45
Abschlußprinzip 9
Abschreibungen 49
Agio 23
Aktiva 24
Angebotskalkulation 63
Anlagevermögen 18, 24
Anschaffungswertprinzip
Äquivalenzziffernkalkulation 62 f.
Aufgeld 23
Aufwand 29
Aufwendungen 29, 38
– neutrale 29

B

Betriebsabrechnungsbogen 56 ff.
Betriebsergebnis 28, 37
– kurzfristiges 64
Betriebsmittelkosten 45
Betriebsvergleich, innerbetrieblicher und zwischenbetrieblicher 73
Bilanz 21 ff., 34
– Bilanzanhang 33
– Generalbilanz 35
– Handelsbilanz 34
– Konsolidierte Bilanz 34
– Mindestgliederungsvorschrift für Bilanzen 22
– Ordentliche Bilanz 34
– Sonderbilanz 34 ff.
– Steuerbilanz 34 f.
– Verkürzte Bilanz 23
Bilanzklarheit 7
Bilanzkontinuität 8
Bilanzwahrheit 6
Break-even-Analyse 67
Buchführung 3, 5 ff.
Bruttoprinzip 8, 23, 32

D

Deckungsbeitrag 65 ff.
– absoluter und relativer 68
Direct Costing 65 ff.
Divisionskalkulation 62

E

Eigenkapital 25
Ergebnis 28 ff.
– Betriebsergebnis 28
– neutrales Ergebnis 29
– Unternehmensergebnis 28
Erlös 42
Ertrag 29
– neutraler 29

F

Festwert 19
Finanzbuchhaltung 2 ff.
Finanzierungskosten 45
Fremdleistungskosten 45
Fristigkeit 20

G

Gemeinkosten 56
- Ist-Gemeinkosten 59
- Normal-Gemeinkosten 59
Gemeinkostenzuschlagssatz 59
Geschäftsfall, wirtschaftlich relevanter 2
Gesamtkosten 46
Gewinn 3
Gewinnschwellen-Analyse 67
Gewinn- und Verlustrechnung 3, 28
Gewinnvortrag 26
Grenzkosten 46
Größeneinteilung von Unternehmen 22
Grundleistungen 42
Grundsätze ordnungsmäßiger Buchführung 5 ff.
Gruppenbewertung 19

H

Handelsrecht 3 f.
Hauptkostenstellen 54
Herstellkosten des Umsatzes 58
Hilfskostenstellen 54

I

Imparitätsprinzip 6
Industriekontenrahmen 9 ff.
Inventar 14 ff.
Inventur 14 ff.
- körperliche 15
- permanente 18
- zeitlich verlegte 17
- Buchinventur 16
- Stichtagsinventur 16

J

Jahresabschluß 13 f.
Jahresbilanz 24
Jahresfehlbetrag 26
Jahresüberschuß 26

K

Kalkulation 62 ff.
- Angebotskalkulation 63
- Äquivalenzziffernkalkulation 62 f.
- Divisionskalkulation 62
- Nachkalkulation 62
- Zuschlagskalkulation 63
Kapital, betriebsnotwendiges 52
Kontenklassen 10
Kontenplan 9 ff.
Kontenrahmen 9 ff.
- Gemeinschaftskontenrahmen 9
- Industriekontenrahmen 9

Kosten 38 ff.
- fixe 46
- kalkulatorische 41, 49
- primäre 48
- sekundäre 48
- variable 46
- Anderskosten 41
- Einzelkosten 47
- Gemeinkosten 47
- Grundkosten 41
- Istkosten 64
- Mischkosten 47
- Normalkosten 64
- Zusatzkosten 41, 44
Kostenartenrechnung 44 ff.
Kosteneinteilung 44
Kostenstelle 53
Kostenstelleneinzelkosten 57
Kostenstellengemeinkosten 57
Kostenstellenrechnung 53 ff.
Kostenträger 60
Kostenträgerrechnung 60 ff.
Kostenträgerzeitblatt 64
Kostenüberdeckung 59, 64
Kosten- und Leistungsrechnung 37 ff.
Kostenunterdeckung 59, 64

M

Miete, kalkulatorische 53
Mindestgliedrung
- der Bilanz 22
- der Gewinn- und Verlustrechnung 31

N

Nachkalkulation 63
Normalkosten 64, 69

P

Passiva 24
Personalkosten 45
Plankosten 69
Plankostenrechnung 69 ff.
Planungsrechnung 74 ff.
Preisuntergrenze, kurzfristige 67 f.

L

Lagebericht 33
Leistung 42
- Grundleistungen 42
Liquidität 20

R

Realisationsprinzip 6 f.
Rechnungsabgrenzung 27
Reinvermögen 21
Rücklagen 26
Rückstellungen 26

S

Statistik, betriebswirtschaftliche 72
Steuerrecht 3 f.
Stichtagsinventur 17
Stückkosten 46

V

Verbindlichkeiten 25
Vergleichsrechnung 72 ff.
Verlust 3
Vorsichtsprinzip 6
Vollkostenrechnung 61 ff.

T

Teilkostenrechnung 65 ff.

U

Umlaufvermögen 18, 24
Unternehmensgewinn 28
Unternehmensverlust 28
Unternehmerlohn, kalkulatorischer 5

W

Wagnis 50
Werkstoffkosten 44

Z

Zinsen, kalkulatorische 52
Zusatzkosten 41, 44
Zuschlagskalkulation 63

Reihe Praxis der Unternehmensführung

G. Bähr u.a.
Buchführung – Leitlinien und Organisation
114 S., ISBN 3-409-13968-0

J. Bussiek
Buchführung – Technik und Praxis
94 S., ISBN 3-409-13978-8

H. Dallmer u.a.
Einführung in das Marketing
142 S., ISBN 3-409-13972-9

O. D. Dobbeck
Wettbewerb und Recht
108 S., ISBN 3-409-13966-4

U.-P. Egger
Kreditmanagement im Unternehmen
80 S., ISBN 3-409-13993-1

D. Glüder
Förderprogramme öffentlicher Banken
120 S., ISBN 3-409-18987-7

W. Hilke
Bilanzieren nach Handels- und Steuerrecht
Teil 1: 134 S., ISBN 3-409-13980-X
Teil 2: 160 S., ISBN 3-409-13981-8

L. Irgel u.a.
Handelsrecht und Gesellschaftsformen
122 S., ISBN 3-409-13965-6

L. Th. Jasper/G. Kostka/H. Lohmeyer
Die Steuerpflicht des Unternehmens
ca. 150 S., ISBN 3-409-13986-9

S. Klamroth/R. Walter
Vertragsrecht
106 S., ISBN 3-409-13967-2

H. Lang/H. D. Torspecken
Kostenrechnung und Kalkulation
152 S., ISBN 3-409-13969-9

J. Löffelholz
Grundlagen der Produktionswirtschaft
84 S., ISBN 3-409-13990-7

J. Löffelholz
Kontrollieren und Steuern mit Plankostenrechnung
72 S., ISBN 3-409-13991-5

J. Löffelholz
Unternehmensformen und Unternehmenszusammenschlüsse
68 S., ISBN 3-409-13989-3

D. Scharf
Grundzüge des betrieblichen Rechnungswesens
110 S., ISBN 3-409-13988-5

H. J. Uhle
Unternehmensformen und ihre Besteuerung
110 S., ISBN 3-409-13979-6

In Vorbereitung:

J. Bussiek u.a.
Unternehmensanalyse mit Kennziffern
ca. 80 S., ISBN 3-409-13984-2

U. Dornieden u.a.
Unternehmensfinanzierung
ca. 130 S.,
ISBN 3-409-13985-0

D. Hofmann
Planung und Durchführung von Investitionen
ca. 100 S.,
ISBN 3-409-13994-X

P. Weber u.a.
Unternehmenserfolg durch Controlling
ca. 120 S.,
ISBN 3-409-13992-3

MIX
Papier aus verantwortungsvollen Quellen
Paper from responsible sources
FSC® C105338

If you have any concerns about our products,
you can contact us on
ProductSafety@springernature.com

In case Publisher is established outside the EU,
the EU authorized representative is:
**Springer Nature Customer Service Center GmbH
Europaplatz 3, 69115 Heidelberg, Germany**

Printed by Libri Plureos GmbH
in Hamburg, Germany